◎ 主　编　黄玉峰

◎ 副主编　田澍兴

◎ 编　著　王白云

第十七册

新编中华文化基础教材

中华书局

图书在版编目(CIP)数据

新编中华文化基础教材.第十七册/黄玉峰主编;田澍兴副主编;
王白云编著. —北京:中华书局,2017.8
ISBN 978-7-101-11759-2

Ⅰ.新⋯　Ⅱ.①黄⋯②田⋯③王⋯　Ⅲ.中华文化-初中-教材
Ⅳ.G634.301

中国版本图书馆 CIP 数据核字(2016)第 087097 号

书　　名	新编中华文化基础教材　第十七册
主　　编	黄玉峰
副 主 编	田澍兴
编 著 者	王白云
责任编辑	祝安顺　熊瑞敏
装帧设计	王铭基　王　娟
插图绘制	刘耀杰
出版发行	中华书局
	(北京市丰台区太平桥西里 38 号　100073)
	http://www.zhbc.com.cn
	E-mail:zhbc@zhbc.com.cn
印　　刷	北京瑞古冠中印刷厂
版　　次	2017 年 8 月北京第 1 版
	2017 年 8 月北京第 1 次印刷
规　　格	开本/880×1230 毫米　1/16
	印张 7½　字数 100 千字
印　　数	1-5000 册
国际书号	ISBN 978-7-101-11759-2
定　　价	22.80 元

编写说明

一、《新编中华文化基础教材》是响应中共中央办公厅、国务院办公厅《关于实施中华优秀传统文化传承发展工程的意见》及教育部《完善中华优秀传统文化教育指导纲要》指导精神组织编写的中华优秀传统文化教材，一至九年级十八册，高中学段六册，共二十四册。

二、本教材以"立德树人"为教学宗旨，以分学段有序推进中华优秀传统文化教育为目标，注重培育和提高学生对中华优秀传统文化的亲切感和感受力，增强学生对中华优秀传统文化的理解力和理性认识，坚定文化自信。

三、本册教材供九年级上学期使用，内容以中国古典文学作品为主。传统文化是一种具有生命力的生活方式、思维模式和审美范式，而古典文学则是通向传统文化的重要途径。在编写过程中，我们遵循以下三个原则：

1.兼容并包的原则。教材广泛选择各种思想流派和各种体裁的文学作品，体现中华文化多元一体、和而不同的文化品格。

2.择善而从的原则。教材的选篇均为古典文学的经典篇目，是优秀传统文化中的精粹。

3.注重审美的原则。教材选择以古典文学作为通向传统文化的途径，希望学生在古典文学的审美体验和熏陶中习得并认同传统文化。

四、本册教材包含五个单元，每单元分为四个部分：

1.单元导读。此部分对单元主题作简要介绍和概览，使学习者明确单元学习内容；设置情境，引发疑问与兴趣，为学习作准备。

2.选文部分。此部分为单元学习的重心，包括原文与注释两部分。原文以权威版本为底本，注释方面遵循以通解为主、局部释义的原则，帮助学生理解。

3.文史知识。此部分聚焦本单元涉及的文史知识，展开较为详尽的介绍、阐发与拓展，让学生更系统地感知文史传统。

4.思考与练习。此部分为教材的练习系统，辅助学习者在单元学习过程中及学习完成后，对自己的学习情况进行检验，并明确进一步学习的任务。

五、本教材之编辑力求严谨，编写过程中广泛征求各界意见，期能以较完备之面貌呈现；然疏漏之处在所难免，敬祈学界先进不吝指教。

编者

2017年2月

目录

第一单元　欲使笔墨诉心声
——唐宋古文运动

第三单元　唤起骚客叹丧乱
——南宋诗词

第四单元　　时代的被遗弃者与反抗者
——关汉卿及其他元散曲作家

第五单元　唯美的传奇戏曲世界
——汤显祖与《牡丹亭》

第一单元

欲使笔墨诉心声
——唐宋古文运动

单元导读

今天，古文往往指的就是文言文。而在文学史上，"古文"还有另一层含义，即它是作为与"骈文"相对的概念出现的。东汉以后，人们对文章的审美要求越来越高；到六朝时，更讲究排偶、辞藻、音律和用典，文章形式被视为生命。由于这种文章往往是以对句形式写就，就像并驾齐驱的两匹马，因此被称为"骈体文"。这一方面使文章成为一种纯粹审美的对象，在文学史上有其积极的意义；但另一方面，文章表情达意的本质也容易在这种文风下渐渐背离。

到初唐时期，有人就已指出大量华而不实的骈文正在导致文学品质的下降，以陈子昂为代表的复古派倡导恢复建安风骨，这说明他们针对的主要是文章的风格。

中唐时期，帝国呈现衰落之势，一些文人开始将社会问题的根源与文学思想联系起来，他们注意到，儒学在东汉之后长达数百年的整体衰落恰好与文章形式的变化相一致，他们将儒学不振视为危机的根源，因此就得出欲恢复先秦时期产生的儒学思想，就必须使用当时的语言乃至文学形式的结论。我们必须注意到，这种对于古文的呼唤带有强烈的政治、思想气息，并不是纯粹的文学问题。换言之，之所以要写古文，首先是因为它能够发挥和阐明儒家之道，其审美价值始终是第二位的。这种思想被柳宗元、韩愈等人总结为"文以明道"。但应该正视的是：首先，这种将文章与思想作绝对勾连的提法有失偏颇，当时就有人指出骈文也未必不可以明道；其次，历经数百年骈文席卷的文坛，很难完全摆脱其影响，即使如韩愈所作之古文，也存在骈文的痕迹，有些散句是故意打破骈偶，这说明要完全复归先秦文章是不可能的。柳宗元就理性地指出，优秀的骈文作家如陆机等都是值得学习的对象^①，古文创作不应绝对排斥骈文。事实上，柳宗元本人同时也是写作骈文的高手，这一点对后世的欧阳修、苏轼等人产生了重要的影响；再次，强调明道的文学容易失去审美追求，而增强思想表达方面的功利性，甚至以道抑制文章的多方面发展，对文学有潜在的伤害。

韩柳提倡的古文运动并没有获得实质的成功，晚唐至北宋初，骈文始终是文坛正宗。直到欧阳修这位具有划时代意义的文坛领袖出现，才扭转了这一局面。在他的提倡与实践下，古文开始成为文人最主要的表达途径，更重要的是他提携了大量青年才俊，使古文真正发扬光大，此后直至清末，古文的主流地位无可撼动。但即便如此，皇家所发的正式诏书依然采用骈体，明清科举使用的八股文也与骈文密切相关，骈文在文学史上的地位不容轻易抹煞。

唐宋古文运动，一般以韩愈、柳宗元、欧阳修、王安石、曾巩、苏洵、苏轼、苏辙这"八大家"为杰出代表。由于苏轼有专章介绍，在此就不再选录。

---
①见柳宗元《披沙拣金赋》。

选文部分

1.韩　愈

马　说

> 千里马一日千里，世间难有。千里马不常有，而伯乐更难。韩愈的眼力果然比常人更敏锐。

　　世有伯乐①，然后有千里马。千里马常有，而伯乐不常有。故虽有名马，只辱于奴隶人之手，骈死于槽枥之间②，不以千里称也。

　　马之千里者，一食或尽粟一石。食③马者，不知其能千里而食也。是马也，虽有千里之能，食不饱，力不足，才美不外见，且欲与常马等不可得，安求其能千里也？

　　策之不以其道④，食之不能尽其材，鸣之而不能通其意，执策

①伯乐：春秋时期秦穆公时人，本名孙阳，擅长相马。槽，喂牲口用的食器。枥，马棚，马厩。　②骈死：并列而死。骈，两马并驾。槽枥：养马的地方。　③食（sì）：名词活用作动词，喂养。　④这句话的意思是：不用恰当的方式去鞭打千里马。

而临之，曰："天下无马！"呜呼！其真无马邪？其真不知马也！

答李翊书（节选）

苏轼《潮州韩文公庙碑》称韩愈"文起八代之衰，道济天下之溺"。后人尊韩愈为"唐宋八大家"之首。这篇文章承载了韩愈的文学思想。

　　虽然，学之二十余年矣。始者非三代两汉之书不敢观，非圣人之志不敢存，处若忘，行若遗，俨①乎其若思，茫乎其若迷。当其取于心而注于手也，惟陈言之务去②，戛戛③乎其难哉！其观于人，不知其非笑之为非笑也。如是者亦有年，犹不改，然后识古书之正伪，与虽正而不至焉者，昭昭然白黑分矣。而务去之，乃徐有得也。当其取于心而注于手也，汩汩然来矣。其观于人也，笑之则以为喜，誉之则以为忧，以其犹有人之说者存也。如是者亦有年，然后浩乎其沛然矣。吾又惧其杂也，迎而距之，平心而察之，其皆醇④也，然后肆⑤焉。虽然，不可以不养也。行之乎仁义之途，游之乎《诗》《书》之源，无迷其途，无绝其源，终吾身而已矣。气，水也；言，浮物也。水大而物之浮者大小毕浮。气之与言犹是也，气盛则言之短长与声之高下者皆宜。

①俨：庄重的。　②这句话的意思是：单单致力于去除陈旧因袭的言辞。之，表示宾语前置的结构助词。　③戛戛（jiá jiá）：困难的样子。　④醇：纯正的。　⑤肆：随心所欲。

第一单元　唐宋古文运动

柳子厚墓志铭（节选）

墓志铭，是对墓主人一生的总结和评价，所谓"盖棺论定"。韩愈所写的墓志铭很多，许多人他并不熟悉，因此只好找出些空洞的话去维护。但这篇墓志铭却写得深情动人，激昂处把自己的切身感受也融入其中。他与柳宗元在许多问题上有共识，也在许多问题上存在分歧。然而，柳宗元去世前却请求这位诤友为其作墓志铭，其胸襟之磊落也是非同寻常的。

其召至京师而复为刺史也[1]，中山刘梦得禹锡亦在遣中[2]，当诣播州[3]。子厚泣曰："播州非人所居，而梦得亲[4]在堂，吾不忍梦得之穷[5]，无辞以白[6]其大人，且万无母子俱往理。"请于朝，将拜疏[7]，愿以柳易[8]播，虽重得罪，死不恨。遇有以梦得事白上者，梦得于是改刺连州[9]。呜呼！士穷乃见节义。今夫平居[10]里巷相慕悦，酒食游戏相征逐[11]，诩诩强笑语以相取下[12]，握手出肺肝相示，指天日涕泣，誓生死不相背负，真若可信；一旦临小利害，仅如毛发比，反眼若不相识。落陷阱，不一引手救，反挤之，又下石焉者，皆是也。此宜禽兽夷狄所不忍为，而其人自视以为得计。闻子厚之风，亦可以少愧矣。

---

①此句指元和十年（815），柳宗元等突然被召回京城，但他随即被外放为柳州刺史。　②禹锡：即刘禹锡，字梦得。遣：被外放。　③诣：到。播州：今贵州遵义。　④亲：母亲。　⑤穷：窘迫。　⑥白：告诉。　⑦拜疏：上奏章（讲这件事）。　⑧易：换取。　⑨刺：刺史，此处用作动词，即担任刺史。连州：今广东连州。　⑩平居：平时。　⑪征逐：往来频繁。征，征召。逐，追随。　⑫取下：以谦虚的态度取悦他人。

2.柳宗元

李赤传

李赤的怪诞行为确实让人难以理解，作者从他身上看到，一个人若是被某些欲望所迷惑，是会陷入一种非理性的状态而不可自拔的。其实这个故事我们还可以从其他角度去理解，不知读者以为如何？

李赤，江湖浪人①也。尝曰："吾善为歌诗，诗类李白。"故自号曰李赤。游宣州，州人馆②之。其友与俱游者有姻③焉。间④累日，乃从之馆。赤方与妇人言，其友戏之。赤曰："是媒⑤我也，吾将娶

乎是。"友大骇，曰："足下妻固无恙，太夫人在堂，安得有是？岂狂易病惑耶⑥？"取绛雪⑦饵之，赤不肯。有间⑧，妇人至，又与赤言。即取巾经其脰⑨，赤两手助之，舌尽出。其友号而救之，妇人解其巾走去。赤怒曰："汝无道，吾将从吾妻，汝何为者？"赤乃就

①浪人：流浪汉。　②馆：这里活用为动词，住宿，特殊的动宾关系使动用法。　③有姻：有亲属关系。　④间：间隔。　⑤媒：做媒，此处特殊的动宾关系为动用法，为（我）做媒。　⑥狂易：因发狂而改变性情。病：作动词，患……疾病。惑：神智错乱。　⑦绛雪：一种丹药。　⑧有间：一会儿。　⑨经：用绳子勒。脰：脖子。

牖间为书，辗而圆封之^①。又为书，博封之^②。讫，如厕久，其友从之，见赤轩厕^③抱瓮诡笑而侧视，势且下。入乃倒曳得之。又大怒曰："吾已升堂面^④吾妻。吾妻之容，世固无有；堂之饰，宏大富丽；椒兰之气，油然^⑤而起。顾视汝之世犹溷厕也^⑥，而吾妻之居，与帝居钧天、清都无以异^⑦，若何苦余至此哉？"然后其友知赤之所遭，乃厕鬼也。

聚仆谋曰："亟^⑧去是厕。"遂行宿三十里。夜，赤又如厕。久，从之，且复入矣。

持出，洗其污，众环之以至旦。去抵^⑨他县，县之吏方宴，赤拜揖跪起无异者。酒行，友未及言，已饮而顾赤，则已去矣。走从之，赤入厕，举其床捍^⑩门，门坚不可入，其友叫且言之。众发墙以入，赤之面陷不洁者半矣，又出洗之。县之吏更召巫师善咒术者守赤，赤自若也。夜半，守者怠，皆睡。及觉^⑪，更呼而求之，见其足于厕外，赤死久矣。独^⑫得尸归其家。取其所为书读之，盖与其母妻诀，其言辞犹人也。

柳先生曰：李赤之传不诬^⑬矣。是其病心^⑭而为是耶？抑固^⑮有厕鬼耶？赤之名闻江湖间，其始为士，无以异于人也。一惑于怪，而所为若是，乃反以世为溷，溷为帝居清都，其属意^⑯明白。今世皆知笑赤之惑也，及至是非取与向背决不为赤者，几何人耶^⑰？

①这句话的意思是：卷成圆筒状密封起来。 ②这句话的意思是：严实地密封起来。 ③轩厕：即厕所。 ④面：这里作动词，见到（面）。 ⑤油然：充沛的样子。 ⑥顾视：回头看看。顾，本义即回头看，这里是回头的意思。溷（hùn）厕：即厕所。 ⑦钧天：天的中央，古代神话传说中天帝居住的地方。清都：道教所谓天帝居住的宫阙。 ⑧亟：立即。 ⑨抵：到达。 ⑩捍：顶住。 ⑪觉（jué）：醒来。 ⑫独：仅仅，只。 ⑬诬：欺骗。 ⑭病心：即今所谓精神病。 ⑮固：确实。 ⑯属（zhǔ）意：用心。 ⑰这句话的意思是：至于在分辨正确与错误、索取与给予、拥护与反对时，决不做李赤那类糊涂事的，究竟能有几个人呢？

反修而^①身，无以欲利好恶迁其神^②而不返，则幸耳，又何暇赤之笑哉^③？

答韦中立论师道书^④（节选）

我们从选文中可以看到，首先是柳宗元在尊师重道这一问题上对韩愈的支持，可见当时他们遇到的阻力有多么大；其次，则是介绍他自己学习写作的经历，我们从中可以看到柳宗元涉猎之广，这些对我们进一步提高自己的人文修养有很大的参考价值。

孟子称："人之患在好为人师。"^⑤由魏、晋氏^⑥以下，人益不事师。今之世，不闻有师，有辄哗笑之，以为狂人。独韩愈奋不顾流俗，犯笑侮，收召后学，作《师说》，因抗颜^⑦而为师。世果群怪聚骂，指目牵引^⑧，而增与为言辞^⑨。愈以是得狂名，居长安，炊不暇熟^⑩，又挈挈而东^⑪，如是者数矣。屈子赋曰："邑犬群吠，吠所怪也。"^⑫仆往闻庸蜀之南^⑬，恒雨少日，日出则犬吠，予以为过言。前六七年，仆来南，二年冬^⑭，幸大雪逾岭^⑮，被南越中数州^⑯。数

---

①而：同"尔"，你的。　②迁其神：使自己精神错乱。迁，本义是往高处迁移，这里是变动的意思，特殊的动宾关系使动用法。　③这句话的意思是：又有什么空闲去嘲笑李赤呢？之，结构助词，宾语前置的标志词。　④韦中立：潭州刺史韦彪的孙子，元和十四年（819）进士。元和八年（813），他曾请求柳宗元做他的老师，这是柳宗元答复他的信。　⑤见《孟子·离娄上》。　⑥氏：古代对朝代的一种称呼。这里指的是魏代、晋代。　⑦抗颜：指态度严正。抗，正直。颜，容颜。　⑧这句话的意思是：众人看到了韩愈，便指手画脚，递眼色，并互相拉扯示意，以表示对他的轻视。指目，手指而目视的意思。牵引，拉扯。　⑨这句话的意思是：增添一些言辞来毁谤（韩愈）。　⑩这句话的意思是：饭都来不及煮熟，表示匆匆忙忙。　⑪这句话的意思是：急急地离开长安东归。挈挈（qiè qiè），急切的样子。东，用作动词。　⑫见《楚辞·九章·怀沙》。原文为："邑犬之群吠兮，吠所怪也。"　⑬往：从前。庸：古国名，在今湖北竹山东南。蜀：这里泛指四川。　⑭二年冬：指元和二年（807）冬。　⑮岭：指五岭。岭南一般是不下雪的。　⑯被：覆盖。南越：泛指今广东、广西一带。

州之犬，皆苍黄吠噬狂走者累日①，至无雪乃已②，然后始信前所闻者。今韩愈既自以为蜀之日，而吾子又欲使吾为越之雪，不以病乎③？非独见病，亦以④病吾子。然雪与日岂有过哉？顾吠者犬耳！度今天下不吠者几人，而谁敢炫⑤怪于群目，以召闹取怒乎？

……

始吾幼且少，为文章，以辞为工⑥。及长，乃知文者以明道，是固不苟为炳炳烺烺⑦，务采色、夸声音而以为能也⑧。凡吾所陈，皆自谓近道⑨，而不知道之果近乎，远乎？吾子好道而可⑩吾文，或者其于道不远矣。故吾每为文章，未尝敢以轻心掉之⑪，惧其剽⑫而不留也；未尝敢以怠心易之⑬，惧其弛而不严也⑭；未尝敢以昏气⑮出之，惧其昧没⑯而杂也；未尝敢以矜气⑰作之，惧其偃蹇⑱而骄也。抑之欲其奥⑲，扬之欲其明⑳，疏㉑之欲其通，廉之欲其节㉒，激㉓而发之欲其清，固而存之欲其重㉔：此吾所以羽翼夫道㉕也。本之《书》以求其质㉖，本之《诗》以求其恒㉗，本之《礼》以求其宜㉘，本之《春秋》以求其断㉙，本之《易》以求其动㉚：此

---

①苍黄：叠韵的联绵词，相当于"仓皇"，张皇失措的样子。累日：连日。　②已：停止。　③以：同"已"，已经。病：有毛病，不妥。此处与下句中的"病"，都是特殊的动宾关系使动用法。　④以：因（此事）。　⑤炫：显露自己。　⑥辞：文辞。工：巧。柳宗元早年喜欢写骈体文。这里说他早年以为讲究文辞就能把文章写好。　⑦炳炳烺烺（lǎng lǎng）：漂亮、形式上好看。炳炳、烺烺，本义都是明亮的样子。　⑧采色：指华丽的辞藻。音：指文章的声韵。　⑨近道：接近于道。　⑩可：认为可以，认为还不错。　⑪轻心：轻率之心。掉：大摇大摆，指放纵、随便。后代成语有"掉以轻心"。　⑫剽：轻浮，浅薄。　⑬怠：不严肃。易：轻视。　⑭弛：松弛。严：谨严。　⑮昏气：指不清醒的头脑。　⑯昧没：不明朗的样子。　⑰矜气：骄气。　⑱偃蹇：叠韵的联绵词，骄傲的样子。　⑲抑：抑制，指不尽情发挥。奥：深奥，这里指含蓄。　⑳扬：发扬，这里指发挥。从"抑之"到"欲其明"，是说既要含蓄，又要明快。　㉑疏：疏通。　㉒廉：这里指删削繁冗。从"疏之"到"欲其节"，是说既要畅达尽意，又要简洁。　㉓激：使水激起浪花，比喻扬去污浊。　㉔固：凝聚。存：保存。从"激而发之"到"欲其重"，是说既要不俗气，又要不轻浮。　㉕羽翼：名词活用为动词，辅助，辅佐。夫道：指圣人之道。即上文所谓"文以明道"。　㉖质：朴实。　㉗恒：常、久。　㉘宜：合理。　㉙断：判断，指有褒贬，能判断是非。　㉚动：变化，发展。

新编中华文化基础教材·第十七册

吾所以取道之原也。参之穀梁氏以厉其气^①，参之《孟》《荀》以畅其支^②，参之《庄》《老》以肆^③其端，参之《国语》以博^④其趣，参之《离骚》以致其幽^⑤，参之太史公以著其洁^⑥：此吾所以旁推交通而以为之文也^⑦。

3.欧阳修

养鱼记

大鱼"不得其所"，小鱼却"有若自足"，何其不公！

折檐^⑧之前有隙地，方四五丈，直对非非堂^⑨，修竹环绕荫映，未尝植^⑩物，因洿^⑪以为池。不方不圆，任其地形；不甃^⑫不筑，全其自然。纵锸^⑬以浚之，汲井以盈之。湛乎汪洋，晶乎清明，微风而波，无波而平，若星若月，精彩下入。予偃息其上，潜形于毫

---

①穀梁氏：指《春秋穀梁传》。厉：磨，有"加强"的意思。气：文气。　②支：枝，指文章的条理。　③肆：放纵。　④博：大。这里用作动词。　⑤致：穷尽。幽：隐微。　⑥太史公：指司马迁的《史记》。著：彰明。　⑦这句话的意思是：道理从五经来，而文章作法则可以向子史学习。《穀梁》以下，不是经，而是子史，所以只说"参之"，只说"旁推交通"。　⑧折檐：屋檐下的回廊。　⑨非非堂：欧阳修在洛阳时期修建的房屋。　⑩植：动词，种植。　⑪洿（wū）：洼地，池塘。　⑫甃（zhòu）：用砖砌。　⑬锸：铁锹。

芒；循漪①沿岸，渺然有江潮千里之想。斯足以舒忧隘②而娱穷独也。

乃求渔者之罟③，市数十鱼，童子养之乎其中。童子以为斗斛之水不能广其容，盖活其小者而弃其大者。怪而问之，且以是对。嗟乎！其童子无乃嚚昏而无识矣乎④！予观巨鱼枯涸在旁，不得其所，而群小鱼游戏乎浅狭之间，有若自足焉⑤，感之而作《养鱼记》。

记旧本韩文后⑥

　　欧阳修平生以韩愈的继承人自命，当时人们也以此评价他。苏轼就说过："欧阳子，今之韩愈也。"（《居士集序》）这本韩愈文集，可谓欧阳修文学生涯的起点，因此他格外珍视，一本书能如此深切地改变一个人乃至一个时代，实属不易。

予少家汉东⑦，汉东僻陋无学者，吾家又贫无藏书。州南有大姓⑧李氏者，其子彦辅，颇好学。予为儿童时，多游其家，见其弊筐⑨贮故书在壁间，发而视之，得唐《昌黎先生文集》六卷，脱落颠倒无次第，因乞李氏以归⑩。读之，见其言深厚而雄博，然予犹

---

①漪：岸边。　②舒忧隘：舒解忧郁。　③罟（gǔ）：渔网。　④无乃：莫非，岂不是，表示委婉的反问。嚚（yín）昏：愚蠢糊涂。　⑤这句话的意思是：我看到那些大鱼因为没有合适的地方去而在一旁缺水死去，而这些小鱼却在又浅又小的池塘里游水，有些自得其乐的样子。焉，形容词词缀，……是样子，相当于"然"。　⑥题目的意思是：写在旧版本的韩愈文集之后，也就是通常所谓的跋文。　⑦家：这里用作动词，居住。汉东：即汉水之东，即随州，在今湖北省随州市。欧阳修幼年丧父，因叔父担任随州推官，于是举家迁往随州居住。　⑧大姓：指在当地较有影响力的大家族。　⑨弊筐：破旧的书筐。　⑩因：连词，于是。以归：即以（之）归，把它（指《韩昌黎文集》）拿回家。

少，未能究其义，徒①见其浩然无涯，若可爱。

是时天下学者杨、刘之作，号为"时文"②，能者③取科第，擅④名声，以夸荣当世，未尝有道韩文者。予亦方举进士，以礼部诗赋⑤为事。年十有七，试于州，为有司所黜。因取所藏韩氏之文复阅之，则喟然叹曰："学者当至于是而止尔！"因怪时人之⑥不道，而顾⑦己亦未暇学，徒时时独念于予心，以谓方从进士干禄⑧以养亲，苟得禄矣，当尽力于斯文，以偿其素⑨志。

后七年，举进士及第，官于洛阳。而尹师鲁⑩之徒皆在，遂相与⑪作为古文。因出所藏《昌黎集》而补缀⑫之，求人家所有旧本而校定之。其后天下学者亦渐趋于古⑬，而韩文遂行于世，至于今盖三十余年矣，学者非韩不学也，可谓盛矣！

呜呼！道固有行于远而止于近，有忽于往而贵于今者⑭。非惟世俗好恶之使然，亦其理有当然者。故孔、孟惶惶⑮于一时，而师法于千万世⑯。韩氏之文，没而不见⑰者二百年，而后大施于今。此又非特⑱好恶之所上下，盖其久而愈明，不可磨灭，虽蔽于暂，而终耀于无穷者，其道当然也。

予之始得于韩也，当其沉没弃废之时，予固知其不足以追时好而取势利⑲，于是就⑳而学之，则予之所为者，岂所以急名誉而

---

①徒：只是。　②时文：指当时流行的骈体文。　③能者：即擅长写时文的人。　④擅：据有。　⑤礼部诗赋：指当时科举沿用唐代以诗赋为考试内容，科举考试由礼部负责组织，因此说这些诗赋是礼部规定的。　⑥之：结构助词，取消句子独立性。　⑦顾：表转折的副词，但。　⑧干禄：求取俸禄。干，求。　⑨素：平素。　⑩尹师鲁：即尹洙。当时还有梅尧臣、谢绛等在洛阳，都喜好写作古文。　⑪相与：一起。　⑫补缀：修补增订。　⑬这句话的意思是：天下的读书人也开始趋向于写作韩愈所作那样的古文。　⑭这句话的意思是：一种学说主张本来就有在远方流行而在近处却受冷遇，在过去被忽视而如今却被重视的情况。　⑮惶惶：不安的样子。　⑯这句话的意思是：(孔孟的学说)被千秋万世的人效法。　⑰见：同"现"，显现。　⑱特：只是。　⑲这句话的意思是：我本来就知道不可能凭借韩愈的文章来迎合世俗的喜好并求取功名。　⑳就：近，这里是接触、阅读。

干势利之用哉^①？亦志乎久而已矣！故予之仕，于进不为喜，退不为惧者，盖其志先定而所学者宜然也。

集本出于蜀，文字刻画颇精于今世俗本，而脱缪尤多。凡三十年间，闻人有善本^②者，必求而改正之。其最后卷帙不足，今不复补者，重增其故也^③。予家藏书万卷，独《昌黎先生集》为旧物也。呜呼！韩氏之文之道，万世所共尊，天下所共传而有也。予于此本，特以其旧物而尤惜之。

《试笔》十九则（选七）

> 《试笔》十九则是欧阳修随手所写，本无标题。因为短小灵活，也算是一种小品文，能在轻松之中给人以乐趣和启迪，所以辑录部分于此。

第一则：学书为乐

苏子美^④尝言：明窗净几，笔砚纸墨，皆极精良，亦自是人生一乐。然能得此乐者甚稀，其不为外物移其好者，又特稀也。余晚知此趣，恨字体不工，不能到古人佳处，若以为乐，则自是有余^⑤。

第二则：学书消日

自少所喜事多矣，中年以来，渐已废去，或厌而不为，或好

---

①这句话的意思是：当时决定学习韩愈的文章并不是为了靠它获取什么名利。　②善本：较好的版本。　③这句话的意思是：最后残损的书卷，不再补足，是因为不轻易增加而改变文集原来的样子。重，难，不轻易。　④苏子美：即苏舜钦，子美是他的字，他是欧阳修的好朋友。　⑤这句话的意思是：自己的书法由于早年没有好好练习而写得不好，不能达到古人的境界，但是作为一种陶冶性情的手段，却绰绰有余了。

之未厌，力有不能而止者。其愈久益深而尤不厌者，书也。至于学字，为于不倦时，往往可以消日。乃知昔贤留意于此，不为无意也。

第四则：学真草书

自此已后，单日学草书，双日学真书①。真书兼行，草书兼楷，十年不倦，当得书名。然虚名已得，而真气耗矣，万事莫不皆然。有以寓其意，不知身之为劳也。有以乐其心，不知物之为累也。然则自古无不累心之物，而有为物所乐之心②。

第五则：学书工拙

每书字，尝自嫌其不佳，而见者或称其可取。尝有初不自喜，隔数日视之，颇若有可爱者。然此初欲寓其心以消日，何用较其工拙，而区区于此，遂成一役之劳，岂非人心蔽于好胜邪？③

第六则：作字要熟

作字要熟，熟则神气完实而有余，于静坐中，自是一乐事。然患少暇，岂其于乐处常不足邪？

第八则：苏子美论书

苏子美喜论用笔而书字不迨其所论④，岂其力不副其心邪？然"万事以心为本，未有心至而力不能者"，余独以为不然。此所谓非知之难而行之难者也。古之人不虚劳其心力，故其学精而无不至。

---

① 真书：即楷书。　② 这句话的意思是：人总是因为外物的刺激而感到快乐，很少有不使内心受到刺激乃至劳累的事情。　③ 这句话的意思是：写字原来只是为了消磨时日，并不为争强好胜，现在如此在意字写得好坏也许就是人性的一种弱点。　④ 这句话的意思是：苏舜钦谈起书法理论头头是道，但是和他所写的字却并不相称。

盖方其幼也，未有所为时，专其力于学书，及其渐长则其所学渐近于用。今人不然，多学书于晚年，所以与古不同也[1]。

第十则：苏子美蔡君谟书

自苏子美死后，遂觉笔法中绝。近年君谟[2]独步当世。然谦让不肯主盟，往年予尝戏谓君谟"学书如溯急流，用尽气力，不离故处"[3]。君谟颇笑，以为能取譬。今思此语，已二十余年，竟如何哉？

4.王安石

祭欧阳文忠公文

王安石早年得到文坛领袖欧阳修的提携，虽然其后在变法问题上有分歧，但他始终以弟子门生的身份自居，这篇祭文就是熙宁五年（1072）闰七月欧阳修去世后写就，对一代文宗的一生作了高度评价，可谓文采斐然，饱含深情，后人甚至认为这篇文章超越了苏轼的祭文。

夫事有人力之可致，犹不可期[4]，况乎天理之溟漠[5]，又安可得而推[6]！惟公生有闻于当时，死有传于后世，苟能如此足矣，而亦又何悲！

---

[1]这段话的意思是：当时不少士大夫往往在晚年才研习书法，因此即使非常用心也达不到古人的境界，这是针对北宋前期士大夫不重视书法的现象而谈的，欧阳修自己对此深有体会。在他的倡导下，士大夫群体开始重视书法练习，使有宋一朝的书法水平得以巨大提升。　[2]君谟：指蔡襄，君谟是他的字，他是北宋书法四大家之一，被苏轼推为第一，其年辈要略长其余几位。　[3]这句话的意思是：蔡襄自谦不肯作书坛盟主，就像一个人在逆流中行进，费尽力量却只在原处打转。　[4]期：预期，预料。　[5]溟漠：广大无边的样子。　[6]推：推测。

如公器质①之深厚，智识之高远，而辅学术之精微，故充于文章，见②于议论，豪健俊伟，怪巧瑰琦。其积于中者，浩如江河之停蓄③；其发于外者，烂④如日月之光辉。其清音幽韵，凄如飘风⑤急雨之骤至；其雄辞闳辩，快如轻车骏马之奔驰。世之学者，无问识与不识，而读其文，则其人可知。

呜呼！自公仕宦四十年，上下往复⑥，感世路之崎岖；虽屯邅困踬⑦，窜斥⑧流离，而终不可掩者，以其公议之是非。既压复起，遂显于世；果敢之气，刚正之节，至晚而不衰。方仁宗皇帝临朝之末年，顾念后事，谓如公者，可寄以社稷之安危；及夫发谋决策，从容指顾，立定大计，谓千载而一时。功名成就，不居而去，其出处进退，又庶乎英魄灵气，不随异物腐散，而长在乎箕山之侧与颍水之湄⑨。然天下之无贤不肖⑩，且犹为涕泣而歔欷⑪，而况朝士大夫，平昔游从，又予心之所向慕⑫而瞻依！

呜呼！盛衰兴废之理，自古如此，而临风想望，不能忘情者，念公之不可复见而其谁与归！

---

①器质：指气度与资质。　②见：通"现"，展现。　③停蓄：深沉。　④烂：明亮。　⑤飘风：大风。　⑥上下往复：指欧阳修在官场中多次升降，所谓宦海沉浮。　⑦屯邅（zhūn zhān）：困顿不能前进的样子，语出《易·屯卦》。困踬（zhì）：因遭遇挫折而陷入窘境。　⑧斥：被贬斥。　⑨箕山：尧时许由、巢父隐居之地，这里是赞颂欧阳修能功成身退。颍水：是指欧阳修晚年居住颍州。湄：水边。　⑩无贤不肖：无论是贤良之人还是不才之人。　⑪歔欷（xū xī）：悲伤抽泣。　⑫慕：向往。

回苏子瞻简

元丰七年（1084），王安石与苏轼在乌台诗案后再相见，曾经的所谓"政敌"如今倒多了些文人间的心照不宣，这封信里我们看到的是一个友好、平和、幽默并奖掖后生不遗余力的王安石，其拗乎哉？

某启：承诲喻累幅，知尚盘桓①江北，俯仰逾月②，岂胜感怅③！得秦君④诗，手不能舍，叶致远⑤适见，亦以为清新妩丽，与鲍、谢似之⑥，不知公意如何？余卷因冒眩⑦，尚妨细读，尝鼎一脔，旨可知也⑧。公奇秦君，数口之不置，吾又获诗，手之不舍。然闻秦君尝学至言妙道，无乃笑我与公嗜好过乎⑨？未相见，跋涉自爱，书不宣悉。

①盘桓：即逗留。 ②俯仰逾月：即一俯一仰间就过了一个月，比喻时间过得很快。 ③岂胜（shēng）感怅：哪里能承受这种感伤。这是书信中的客套用语。胜，承受。 ④秦君：即著名词人秦观。 ⑤叶致远：即叶涛，字致远，他是王安石的学生。 ⑥与鲍、谢似之：鲍指鲍照，南朝宋著名诗人；谢指谢朓，南朝齐著名诗人。 ⑦冒眩：指头晕眼花。 ⑧尝鼎一脔，旨可知也：只需品尝鼎中的一块肉，就知道滋味如何了。这里的意思是，我因年老眼花，还没有读完秦观的所有诗作，但就已经读过的一些来看，就知道他的水平已很不错了。 ⑨这两句的意思是：听说秦观对道家之学很有研究，他如果听说我们两个对他的诗歌嗜好如此，大概会笑话我们吧？

5.曾 巩

醒心亭记

曾巩是欧阳修的学生，彼此相知，此时的欧阳修正处在政治生涯的一个低谷，但他展现的人格魅力已经初现端倪。他在滁州任上表现出的那种虽被贬谪但心系庙堂与百姓的担当，与他那种闲适淡泊、不以挫折为忤的阔大胸襟，成为后世士大夫的楷模。

滁州之西南，泉水之涯①，欧阳公作州之二年②，构亭曰"丰乐"，自为记③，以见④其名之意。既又直⑤丰乐之东几百步，得山之高，构亭曰"醒心"，使巩记之。

凡公与州宾客者游焉⑥，则必即丰乐以⑦饮。或醉且劳矣，则必即醒心而望，以见夫群山之相环，云烟之相滋⑧，旷野之无穷，草树众而泉石嘉，使目新乎其所睹，耳新乎其所闻，则其心洒然⑨而醒，更欲久而忘归也。故即其事之所以然而为名⑩，取韩子退之《北湖》之诗云⑪。噫！其可谓善取乐于山泉之间。而名之以见其实，又善者矣。

虽然，公之乐，吾能言之：吾君优游⑫而无为于上，吾民给足而无憾于下⑬，天下之学者皆为才且良，夷狄鸟兽草木之生者皆得

---

①涯：边。　②欧阳公作州之二年：欧阳修于庆历五年（1045）降知滁州。　③构亭曰"丰乐"，自为记：即《丰乐亭记》。　④见：通"现"。　⑤直：面对。　⑥焉：兼词，相当于"于此（之）"，在这里。　⑦以：连词，相当于"而"，表修饰。　⑧滋：滋长，这里是云起的意思。　⑨洒然：洒脱的样子，这里是说人从醉酒的疲乏中恢复过来。　⑩这句话的意思是：于是就根据这座亭子能达到使人醉后醒心的效果来给它命名。之，结构助词，定语后置的标志词。　⑪取韩子退之《北湖》之诗云：韩愈《北湖》诗："闻说游湖棹，寻常到此回。应留醒心处，准拟醉时来。"　⑫优游：悠然自得。语出《诗经·小雅·白驹》。　⑬给足：富裕，富足。无憾：没有怨恨、不满。

其宜，公乐也。一山之隅，一泉之旁，岂公乐哉①？乃公所寄意于此也。

若公之贤，韩子②殁数百年而始有之。今同游之宾客，尚未知公之难遇也。后百千年，有慕③公之为人，而览公之迹，思欲见之，有不可及之叹④，然后知公之难遇也。则凡同游于此者，其可不喜且幸欤！而巩也，又得以文词托名于公文之次⑤，其又不喜且幸欤！

庆历七年⑥八月十五日记。

6.苏　洵

谏论下

> 北宋君主较为尊重文官的意见，甚至还有"封还词头"这样臣下否决君主政令的制度设计，尽管这并不能根本上改变君主专制的本质，但至少是一种追求群体决策的努力。这种开明的风气除了君主的有意维护外，士大夫的自觉参与也是重要因素。这篇文章就体现了这一点。苏洵善用比喻论证，又旁征博引，纵横古今，体现了他文势雄健恣肆的特点。

夫臣能谏，不能使君必纳谏，非真能谏之臣；君能纳谏，不能使臣必谏，非真能纳谏之君。欲君必纳乎？向之论备矣。欲臣必

---

①这句话的意思是：欧阳修真正的快乐并不在山水，而在君王无忧，百姓和乐，士大夫好学有为，国家太平。《醉翁亭记》："醉翁之意不在酒，在乎山水之间也。山水之乐，得之心而寓之酒也。"　　②韩子：即韩愈。唐以前韩子都指战国时期的韩非。后因尊崇韩愈而称其为韩子，韩非即改为韩非子。　　③慕：向往。　　④这句话的意思是：后人会有不能与欧阳修生于同时的遗憾。　　⑤这句话的意思是：我的这篇文章有幸借助欧阳修的名文《醉翁亭记》而流传。次，这里有位于其下的意思。　　⑥庆历七年：即1047年。当时作者二十九岁，尚未入仕。

谏乎？吾其言之。

夫君之大，天也；其尊，神也；其威，雷霆也。人之不能抗天、触神、忤雷霆，亦明矣。圣人知其然，故立赏以劝①之，传曰"兴王赏谏臣"②是也。犹惧其选耎③阿谀，使一日不得闻其过，故制刑以威之，《书》曰"臣下不正，其刑墨"是也。人之情，非病风丧心④，未有避赏而就刑者，何苦而不谏哉？赏与刑不设，则人之情又何苦而抗天、触神、忤雷霆哉？自非性忠义，不悦赏，不畏罪，谁欲以言博死者？人君又安能尽得性忠义者而任之⑤？

今有三人焉：一人勇，一人勇怯半，一人怯。有与之临乎渊谷者，且告之曰："能跳而越，此谓之勇，不然为怯。"彼勇者耻怯⑥，必跳而越焉；其勇怯半者与怯者，则不能也。又告之曰："跳而越者与千金，不然则否。"彼勇怯半者奔⑦利，必跳而越焉；其怯者犹未能也。须臾顾见猛虎，暴然⑧向逼，则怯者不待告，跳而越之如康庄⑨矣。然则人岂有勇怯哉？要在以势⑩驱之耳。

君之难犯，犹渊谷之难越也。所谓性忠义、不悦赏、不畏罪者，勇者也，故无不谏焉；悦赏者，勇怯半者也，故赏而后谏焉；畏罪者，怯者也，故刑而后谏焉。先王知勇者不可常得，故以赏为千金，以刑为猛虎，使其前有所趋，后有所避，其势不得不极言⑪规失。此三代⑫所以兴也。末世⑬不然，迁⑭其赏于不谏，迁其刑于

①劝：鼓励，勉励。　②这句话的意思是：励精图治的君王应该赏赐鼓励那些进谏的大臣。语出《国语》。古代把各种解释儒家五种经典的书籍称为"传"，《国语》又称《春秋外传》，因此这里也称"传"。　③选耎（ruǎn）：软弱。　④病风丧心：指精神失常。　⑤这句话的意思是：君主又怎么能将那些性情忠义的人都罗致而来加以任用呢？　⑥耻怯：即以怯为耻辱。　⑦奔：追逐，趋向。　⑧暴然：突然。　⑨康庄：平坦宽阔的道路。　⑩势：形势，这里特指与其生命、利益密切相关的形势。　⑪极言：直言进谏。　⑫三代：指夏、商、周三代，被古人视为历史上的黄金时代。　⑬末世：一个朝代的衰落期。　⑭迁：转移。

谏。宜乎臣之噤口卷舌①而乱亡随之也！间或贤君欲闻其过，亦不过赏之而已。呜呼！不有猛虎，彼怯者肯越渊谷乎？此无他，墨刑②之废耳。三代之后，如霍光③诛昌邑不谏之臣者，不亦鲜哉！

今之谏赏，时或有之；不谏之刑，缺然无矣。苟增其所有，有其所无，则谀者直，佞者忠，况忠直者乎？诚如是，欲闻谠言④而不获，吾不信也。

7.苏　辙

待月轩记

苏轼在《赤壁赋》里用水与月来阐明人生道理，苏辙这里也不约而同地以月喻人。月有阴晴圆缺，人亦多酸甜苦辣，进退升降；人不怪月之盈亏，也不该抱怨人生的一点挫折起伏吧。

昔予游庐山，见隐者焉，为予言性命之理，曰："性犹日也，身犹月也。"予疑而诘之。则曰："人始有性而已，性之所寓为身。天始有日而已，日之所寓为月。日出于东，方⑤其出也，物咸赖⑥焉。有目者以视，有手者以执，有足者以履⑦，至于山石草木亦非日不遂。及其入也，天下黯然，无物不废，然日则未始有变也。惟其所寓，则有盈阙。一盈一阙者，月也。惟性亦然，出生入死，出

---

①噤口卷舌：闭上嘴，卷起舌头，就是指沉默而不进谏。　②墨刑：古代在脸上刺字的刑罚，这里泛指刑罚。　③霍光：武帝后期极受信任的大臣，辅佐昭帝颇有成效。昭帝崩后，群臣议立昌邑王刘贺为君，但他荒淫无道，在霍光的干预下被废除帝位，并以不能进谏为由诛杀其臣二百多人。　④谠（dǎng）言：正直之言。　⑤方：当。　⑥赖：依靠，仰赖。　⑦履：走。

而生者，未尝增也；入而死者，未尝耗①也，性一而已②。惟其所寓，则有生死。一生一死者，身也。虽有生死，然而死此生彼，未尝息也。身与月皆然。古之治术者知之，故日出于卯③，谓之命；月之所在，谓之身。日入地中，虽未尝变，而不为世用，复出于东，然后物无不睹，非命而何？月不自明，由日以为明，以日之远近为月之盈阙，非身而何？此术也，而合于道。世之治术者知其说，不知其所以说也④。"

予异其言而志⑤之久矣。筑室于斯，辟其东南为小轩。轩之前廓然无障，几与天际⑥。每月之望，开户以须⑦月之至。月入吾轩，则吾坐于轩上，与之徘徊而不去。一夕举酒延⑧客，道隐者之语，客漫不喻⑨曰："吾尝治术矣，初⑩不闻是说也。"予为之反复⑪其理，客徐悟曰："唯唯⑫。"因志其言于壁。

---

①耗：减少。　②一：相同，一致。这几句话的意思是：人的本性就像太阳，正如月亮的圆缺不能减损太阳一样，人的生死也不会使本性受损。这可以与苏轼《赤壁赋》中"客亦知夫水与月乎？逝者如斯，而未尝往也；盈虚者如彼，而卒莫消长也"一段相发明。　③卯：卯时，相当于现在的早上五点到七点。　④这句话的意思是：知道这种说法但不知道这种说法的原因和道理。　⑤志：记在心中。　⑥际：连接。　⑦须：等待。　⑧延：邀请。　⑨喻：明白。　⑩初：副词，全。　⑪反复：这里指反复阐发这个道理。　⑫唯唯：答应的声音，表示明白了这个道理。

文史知识

一、古文运动

古文运动是指唐代中期以及宋朝提倡古文、反对骈文的文体改革运动。"古文"这一概念由韩愈最先提出。他把六朝以来讲求声律及辞藻、排偶的骈文视为俗下文字，认为自己的散文继承了两汉文章的传统，即"古文"。韩愈提倡古文，目的在于恢复古代的儒学道统，强调要以文明道。从形式上看，古文运动具有复古性质。其实，中国文学在发展的过程中，复古风潮屡屡掀起，但"复"的方式不同，"复"的本质更是不同，有的是学，有的是仿，有的是推陈出新，有的是古董新造。韩愈等人推动的"复古"浪潮之所以成为文学史上的一场"运动"，除了他们有自己的理论主张之外，更重要的是他们确实能承继过去，开启未来，为文学发展供给绵延不绝的动力。韩愈等人表示，所谓"复古"，"复"的不是别的，是古文的精髓和文气。这一思想，背后隐藏的实用主义和进化理论，恰巧符合五四时期文学发展的需要。五四时期，胡适等人极力倡导白话文，为了证明白话文存在的合理性和必然性，胡适在唐宋古文复兴的浪潮中找到依据，在1927年出版的《国语文学史》和1928年出版的《白话文学史》提出"古文运动"这一概念。从此，"古文运动"这个说法开始在世间流布。

二、唐宋古文八大家

唐宋八大家指唐代的韩愈、柳宗元，宋代的欧阳修、王安石、曾巩、苏洵、苏轼、苏辙。明代的嘉定（今属上海市）人朱右曾被朝廷罢官，潜心著述，将韩愈、柳宗元与欧阳修、王安石、曾巩、苏洵、苏轼、苏辙的散文作品合编为《八先生文集》，明代散文家、藏书家茅坤对朱右曾十分崇敬，编选了《唐宋八大家文钞》，"唐宋八大家"的提法就此形成。前文已经提出，古文运动真正获得成功在北宋，欧阳修年轻时，正是以晚唐李商隐的骈文为主要模仿对象的"西昆体"盛行之时，因此他主动以韩愈的文章为楷模，推行古文，功不可没。而且，八大家中的王安石等五人都或多或少得到过他的赏识和提携。如果说北宋是中国士大夫乃至文学的重要转型期的话，那么欧阳修的历史贡献是不可估量的。

思考与练习

1. 对下列相关的内容连线。

熙宁变法

"三上"　　　　　　　　　　韩愈

环滁皆山也

游褒禅山记　　　　　　　　欧阳修

中唐

文起八代之衰　　　　　　　王安石

拗相公

2. 欧阳修在《记旧本韩文后》写道："予之始得于韩也，当其沉没弃废之时。予固知其不足以追时好而取势利，于是就而学之，则予之所为者，岂所以急名誉而干势利之用哉？亦志乎久而已矣！故予之仕，于进不为喜，退不为惧者，盖其志先定，而所学者宜然也。"你同意他的想法吗？请就此展开辩论。

3. 模仿欧阳修的《试笔》中的某段文字，写一段"古文"。

4. 王安石与苏轼在变法问题上处于对立状态，史料显示，王安石确实曾对苏轼存在偏见，阻碍皇帝对苏轼的提拔与信任。但是，当苏轼遭遇"乌台诗案"的时候，已经不在宰相位的他是当时屈指可数上疏为苏轼辩护求情的人；同时，苏轼被赦免后，曾经到金陵拜会已经退居在家的王安石，写下令人动容的《次荆公韵四绝》其三："骑驴渺渺入荒陂，想见先生未病时。劝我试求三亩宅，从公已觉十年迟。"次年，王安石就去世了。对此，你有怎样的感想？试图从北宋士大夫人格修养的角度，认识并了解更多当时这些大家的事迹。也可以形成小组，分工合作，寻求更多的材料支持。

5. 试将曾巩的《醒心亭记》与课内学过的欧阳修的《醉翁亭记》作对照，看看两人在借亭台抒情与议论方面有什么异同，并探究分析形成这种异同的原因是什么。

第二单元

「随物赋形」的智者
——苏东坡

单元导读

中学校园中，很少有孩子不知道朱自清的《荷塘月色》，这篇散文能够把无形无声的光与影描写得曼妙多姿，真是令人佩服。但是小中寓大，灵秀中藏风骨的《记承天寺夜游》更为令人欣赏——仅仅"庭下如积水空明，水中藻荇交横，盖竹柏影也"18个字，就把月移影动、空明澄净的光影画图描摹得淋漓尽致。

这个了不起的作者就是苏东坡。当年皇帝主持科举面试，回到后宫喜不自禁：今天我为子孙找到两个太平宰相！这两个"宰相"之一，就是苏轼。

可是苏轼一辈子也没当上宰相。不仅没当上宰相，42岁的时候还被抓进监狱蹲了一百多天，好不容易免死出狱，却被贬到湖北黄州当个毫无作为的团练副使；过完四年开荒种田的日子，好不容易成为翰林学士，为皇帝起草文书，不久又被调任杭州；一年多之后再次做上吏部尚书、礼部尚书，仅仅两年，又被赶出京城，流放、再流放——先是遥远的岭南，再是"非人居之地"海南岛。64岁的时候总算遇到大赦，最终却病死于北归途中。一年之后，苏轼被当作"奸党"首领之一，刻上"元祐党人碑"。

荣辱、祸福、穷达、得失，儒家固有的坚毅执着、老庄的超然顺应，禅宗的生死如一，使得苏轼的性格变得极灵活、极通脱、极放达。随缘自适，处逆如顺。他一方面秉持不可逾越的人生规矩：孝敬双亲，挚爱兄弟，爱人以德，心怀天下。另一方面毫不遏制自己的"任性"：孩童时期就自拟对联"识遍天下字，读尽人间书"；科举考试中居然杜撰皋陶故事；面对世事一肚子不合时宜。目光所及，无不入木三分；笔墨所至，无不一针见血。与此同时，他在逆境中照样保持浓郁的生活情趣和旺盛的创作活力：上可陪玉皇大帝，下可以陪卑田院乞儿。俯仰之间，没什么东西不生动、不鲜活，不可想、不可爱。月出于东山之上，当然可歌可咏；野鸭子蹒跚而行，也令人忍俊不禁。国家大事，固然笔走风雷；农人卖瓜，一样有声有色。

在中国，苏东坡是人格的标杆、智慧的象征。文人雅士很少不在心里为苏东坡单辟一块精神圣地，最世俗的人也会传唱"千里共婵娟""此事古难全"。很多书法爱好者将东坡的作品奉为至宝，食客们则对东坡肉津津乐道。苏东坡的散文，著述宏富，与韩愈、柳宗元和欧阳修三家并称；东坡的词，冲破"诗庄词媚"的边界，开拓"关东大汉"也可伴奏的豪放；东坡的诗，仅保存下来的就有两千七百余首，笔力纵横，为宋诗发展开辟新道路。文坛领袖欧阳修看了他的文章表示要避一头地，皇帝在宫中看到传抄进来的苏文也会眉开眼笑。一个在世间只活了64年的人，为后世留下一座巨大的丰碑。

文如其人，本章编选苏东坡的部分诗文，以折射东坡的智慧才情。

选文部分

一、散文

贾谊论

在中国文人的心目中，贾谊是怀才不遇的象征。唐代李商隐的著名诗句"可怜夜半虚前席，不问苍生问鬼神"，曾经激发多少文人心中的酸楚。但是在潇洒俊朗的东坡看来，贾谊的悲剧是他个人失误的结果。

非才之难，所以自用者实难。惜乎！贾生①，王者之佐，而不能自用其才也。

夫君子之所取者远，则必有所待；所就者大，则必有所忍。古之贤人，皆负可致之才②，而卒不能行其万一者，未必皆其时君之罪，或者其自取也。

愚观贾生之论，如其所言，虽三代何以远过？得君如汉文③，犹且以不用死。然则是天下无尧舜，终不可有所为耶？仲尼圣人，

①贾生：即西汉的政治家、文学家贾谊。　②可致之才：能够建功立业的才能。　③汉文：即汉文帝。

新编中华文化基础教材·第十七册

历试于天下，苟非大无道之国，皆欲勉强扶持，庶几一日得行其道。将之荆，先之以子夏，申之以冉有。君子之欲得其君，如此其勤也。孟子去齐，三宿而后出昼①，犹曰："王其庶几召我。"君子之不忍弃其君，如此其厚也。公孙丑问曰："夫子何为不豫②？"孟子曰："方今天下，舍我其谁哉？而吾何为不豫？"君子之爱其身，如此其至也。夫如此而不用，然后知天下之果不足与有为，而可以无憾矣。若贾生者，非汉文之不能用生，生之不能用汉文也。

夫绛侯③亲握天子玺而授之文帝，灌婴连兵数十万，以决刘、吕之雄雌，又皆高帝之旧将，此其君臣相得之分，岂特④父子骨肉手足哉？贾生，洛阳之少年。欲使其一朝之间，尽弃其旧而谋其新，亦已难矣。为贾生者，上得其君，下得其大臣，如绛、灌之属，优游浸渍而深交之⑤，使天子不疑，大臣不忌，然后举天下而唯吾之所欲为，不过十年，可以得志。安有立谈之间，而遽为人痛哭⑥哉！观其过湘，为赋以吊屈原，纡郁愤闷，趯然⑦有远举之志。其后卒以自伤哭泣，至于夭绝⑧。是亦不善处穷者也。夫谋之一不见用，则安知终不复用也？不知默默以待其变，而自残至此。呜呼！贾生志大而量小，才有余而识不足也。

古之人，有高世之才，必有遗俗之累。是故非聪明睿哲不惑

之主，则不能全其用。古今称苻坚得王猛于草茅之中，一朝尽斥去其旧臣，而与之谋。彼其匹夫略有天下之半①，其以此哉！

愚深悲贾生之志，故备论之。亦使人君得如贾谊之臣，则知其有狷介②之操，一不见用，则忧伤病沮③，不能复振。而为贾生者，亦慎其所发④哉！

留侯论

苏东坡告诉我们——勇敢的意思是：勇于"敢"，且勇于"不敢"。

古之所谓豪杰之士者，必有过人之节。人情有所不能忍者，匹夫见辱，拔剑而起，挺身而斗，此不足为勇也。天下有大勇者，卒然⑤临之而不惊，无故加之而不怒，此其所挟持者甚大，而其志甚远也⑥。

夫子房受书于圯上之老人也，其事甚怪；然亦安知其非秦之世有隐君子⑦者出而试之。观其所以微见其意者，皆圣贤相与警戒之义⑧。而世不察，以为鬼物，亦已过矣。且其意不在书。当韩之亡，秦之方盛也，以刀锯鼎镬待天下之士⑨。其平居无罪夷灭⑩者，

---

①匹夫：指苻坚。略：夺取。当时前秦占据着中国北方，与东晋对抗，所以说"略有天下之半"。　②狷介：洁身自好。　③病沮：困顿灰心。沮（jǔ）：颓丧。　④所发：指为人处世。　⑤卒然：同"猝然"，突然。　⑥这句话的意思是：（能够做到忍耐的人）是因为他怀有非同寻常的抱负以及远大的理想。　⑦隐君子：隐居的高士。　⑧这两句话的意思是：看他略微显现其用意的做法，都符合圣贤之人告诫的道理。　⑨这句话的意思是：秦王残杀成性，用刀锯杀人，用鼎镬烹人。　⑩夷灭：（被）灭族。

不可胜数。虽有贲、育，无所复施①。夫持法太急者，其锋不可犯，而其势未可乘。子房不忍忿忿之心，以匹夫之力，而逞于一击之间。当此之时，子房之不死者，其间不能容发②，盖亦已危矣。千金之子，不死于盗贼③，何者？其身之可爱，而盗贼之不足以死也。子房以盖世之才，不为伊尹、太公之谋，而特出于荆轲、聂政之计，以侥幸于不死，此圯上之老人所为深惜者也。是故倨傲鲜腆而深折之④。彼其能有所忍也，然后可以就大事，故曰："孺子可教也。"

楚庄王伐郑，郑伯肉袒牵羊以逆，庄王曰："其君能下人，必能信用其民矣。"遂舍之⑤。勾践之困于会稽而归，臣妾于吴者，三年而不倦。且夫有报人⑥之志，而不能下人者，是匹夫之刚也。夫老人者，以为子房才有余而忧其度量之不足，故深折其少年刚锐之气，使之忍小忿而就大谋。何则？非有平生之素⑦，卒然相遇于草野之间，而命以仆妾之役，油然⑧而不怪者，此固秦皇帝之所不能惊，而项籍之所不能怒也。

观夫高祖之所以胜，而项籍之所以败者，在能忍与不能忍之间而已矣。项籍唯不能忍，是以百战百胜，而轻用其锋⑨；高祖忍之，养其全锋，以待其弊，此子房教之也。当淮阴破齐而欲自王⑩，

①这句话的意思是：即使像孟贲、夏育这样的勇士在，也无法施展本领。　②这句话的意思是：其中的空隙不能容下一根头发，形容情势危急。间，空隙。　③这句话的意思是：高贵的人不应该在不值得死的地方失去生命。这是《史记·越王勾践世家》中陶朱公说的话。　④这句话的意思是：（黄石老人）因此用高傲无礼的态度与言辞去狠狠羞辱张良。　⑤此事见《左传·宣公十二年》。　⑥报人：向人报仇。　⑦平生之素：指平时有交情。　⑧油然：顺从自然、不以为忤的样子。　⑨轻用其锋：轻率地消耗自己的精锐力量。　⑩当淮阴破齐而欲自王：指淮阴侯韩信破齐后自请受封为齐王事，详见《史记·淮阴侯列传》。王，这里读 wàng，作动词使用，称王。

高祖发怒，见于词色。由此观之，犹有刚强不忍之气，非子房其^①谁全之？

太史公疑子房，以为魁梧奇伟，而其状貌乃如妇人女子，不称^②其志气。呜呼！此其所以为子房欤！

记先夫人不残鸟雀

谁是地球上最大的害虫？不加理性和良善约束的人类，正是地球上最大的害虫——一千年前的东坡都知道。

吾昔少年时，所居书室前，有竹柏杂花，丛生满庭，众鸟巢其上。武阳君恶杀生，儿童婢仆皆不得捕取鸟雀。数年间，皆巢于低枝，其鷇^③可俯而窥也。又有桐花凤四五，日翔集其间，此鸟羽毛至为珍异难见，而能驯扰，殊不畏人。间里间^④见之，以为异事。此无他，不忮之诚信于异类也^⑤。有野老^⑥言："鸟巢去人太远，则其子有蛇、鼠、狐狸、鸱鸢^⑦之忧，人既不杀，则自近人者，欲免此害也。"由是观之，异时鸟雀巢不敢近人者，以人为甚于蛇、鼠之类也。"苛政猛于虎"，信^⑧哉！

---

①其：表反问语气的副词。下文"此其所以为子房欤"中的"其"，是表揣测语气的副词。　②称：与……相称。　③鷇（kòu）：初生的小鸟。　④间（jiàn）：间或，陆续。　⑤忮（zhì）：忌恨。信：通"伸"，延及。　⑥野老：乡下人。　⑦鸱鸢（chī yuān）：即鸱鹰，一种捕食鸟、蛙等小动物的猛禽。　⑧信：确实。

与侄书

> "凡文字，少小时须令气象峥嵘，彩色绚烂。渐老渐熟，乃造平淡"——平凡而不平淡，实际上正是最高境界的绚烂。"如龙蛇捉不住"，通俗如市井俚语。

二郎侄：得书知安，并议论可喜，书字亦进。文字亦若无难处，止有一事与汝说。凡文字，少小时须令气象峥嵘，采色绚烂。渐老渐熟，乃造平淡。其实不是平淡，乃绚烂之极也。汝只见爷伯而今平淡，一向只学此样，何不取旧日应举时文字看，高下抑扬，如龙蛇捉不住，当且学此。只书字亦然，善思吾言。

书吴道子①画后

> 《庄子》里有篇《徐无鬼》，说：有个人鼻子上染上白灰，请匠人为他削去白灰，匠人"运斤成风"，染者面不改色——超越自然的最高表现，其实最合乎自然吧。

知者创物，能者述焉，非一人而成也。君子之于学，百工之于技，自三代历汉至唐而备②矣。故诗至于杜子美，文至于韩退之，书至于颜鲁公，画至于吴道子，而古今之变，天下之能事毕矣。道子画人物，如以灯取影，逆来顺往，旁见侧出，横斜平直，各相乘

---

①吴道子：唐代著名画家，被誉为"画圣"。苏轼的父亲苏洵非常喜爱吴道子的绘画，苏轼曾经为他购买过吴道子的真迹。　②备：完整。

除^①，得自然之数，不差毫末，出新意于法度之中，寄妙理于豪放之外，所谓游刃余地，运斤成风，盖古今一人而已。予于他画，或不能必其主名，至于道子，望而知其真伪也。然世罕有真者，如史全叔所藏，平生盖一二见而已。

二、诗歌

和子由渑池^②怀旧

"飞鸿"，即飞行的大雁，这大约也是苏轼一生的写照。

人生到处知何似，应似飞鸿踏雪泥。
泥上偶然留指爪，鸿飞那复计东西。
老僧已死成新塔，坏壁无由见旧题。
往日崎岖还记否，路长人困蹇驴嘶。

太白山下早行至横渠镇书崇寿院壁

四句诗，无一个"早"字，无一个不是"早"字。

马上续残梦，不知朝日升。
乱山横翠幛，落月淡孤灯。

①乘除：增减。　②渑池：在今河南省渑池县，他们在第二次出川时曾经路过此地。

奔走烦邮吏，安闲愧老僧。

再游应眷眷，聊亦记吾曾。

颍州初别子由二首（其二）

兄弟离别之情可悲，何况又添追思恩师欧阳修！

近别不改容，远别涕沾胸。

咫尺不相见，实与千里同。

人生无离别，谁知恩爱重①。

始我来宛丘，牵衣舞儿童。

便知有此恨，留我过秋风。

秋风亦已过，别恨终无穷。

问我何年归，我言岁在东。

离合既循环，忧喜迭相攻。

悟此长太息，我生如飞蓬。

多忧发早白，不见六一翁。

六月二十七日望湖楼醉书五绝（其五）

偶尔超脱一下，让心灵得到放松和疗治，这是中国历代文人的生命策略。

---

①重：此处当读平声。

未成小隐聊中隐^①，可得长闲胜暂闲。

我本无家更安往，故乡无此好湖山。

山村五绝（其一）

"入""起"二字，若反复咀嚼，会发现意味深长。

竹篱茅屋趁溪斜，春入山村处处花。

无象太平还有象，孤烟起处是人家。

琴　诗

如果说琴声发自琴，那把它放进盒子里为什么不响呢？如果说琴声发自手，为何你的手上听不到声音？这恐怕是对艺术的永恒追问。

若言琴上有琴声，放在匣中何不鸣？

若言声在指头上，何不于君指上听？

---

①中隐：唐代诗人白居易提出的一种人生态度，他在《中隐》一诗中提出："大隐住朝市，小隐入丘樊。不如作中隐，隐在留司官。"

新编中华文化基础教材·第十七册

出城送客不及步至溪上二首（其一）

送客未遂，倒"送出"诗情画意。这就是东坡，心思灵动所及，无一处无生机。

送客客已去，寻花花未开。

未能城里去，且复水边来。

父老借问我，使君安在哉？

今年好风雪，会见麦千堆。

赠王仲素寺丞

这首诗简直就是汉乐府。

养气如养儿，弃官如弃泥。

人皆笑子拙①，事定竟谁迷。

归耕独患贫，问子何所赍②。

尺宅足自庇，寸田有余畦③。

明珠照短褐，陋室生虹霓。

虽无孔方兄④，顾有法喜妻。

弹琴一长啸，不答阮与嵇。

①拙：笨，不灵巧。　②赍（jī）：带着。　③畦：田垄。　④孔方兄：指钱。

曹南刘夫子，名与子政齐。

家有鸿宝书，不铸金袅蹄^①。

促膝问道要，遂蒙分刀圭^②。

不忍独不死，尺书肯见梯。

我生本强鄙，少以气自挤。

孤舟倒江河，赤手揽象犀。

年来稍自笑，留气下暖脐。

苦恨闻道晚，意象飒已凄。

空见孙思邈，区区赋病梨。

伯父送先人下第归蜀诗云人稀野店休安枕路入灵关稳跨驴安节将去为诵句因以为韵作小诗十四首送之（其十二）

我坐名过实，欢哗自招损。

汝幸无人知，莫厌家山稳。

东　坡

①金袅（niǎo）蹄：指马蹄形的金锭。　②刀圭：中药的量器名。

雨洗东坡月色清，市人行尽野人行。

莫嫌荦确^①坡头路，自爱铿然曳杖声。

渔父四首（其一）

第一次读这首诗，未免想：这也是诗？再读几遍，发现：这还真是一首诗，一首真正的诗。

渔父饮，谁家去，鱼蟹一时分付。

酒无多少醉为期，彼此不论钱数。

书李世南所画秋景二首（其一）

苏轼从来不吝展示自己的才华。其题风景画诗，无论长篇短章，都不滞于物象，如这里借发问带出虚设想象之境，画外之意就此展现。

野水参差落涨痕，疏林欹倒出霜根。

扁舟一棹归何处？家在江南黄叶村。

---

①荦确：指险峻不平的山石。

睡起闻米元章冒热，到东园送麦门冬饮子

单看题目，已觉趣味盎然。

一枕清风直万钱，无人肯买北窗眠。
开心暖胃门冬饮，知是东坡手自煎。

洗　儿

毕生坎坷，化作沉痛之语。

人皆养子望聪明，我被聪明误一生。
惟愿孩儿愚且鲁，无灾无难到公卿。

三、词

蝶恋花·春景

俞陛云《宋词选释》说：絮飞花落，每易伤春，此独作旷达语。然而须看到这种旷达源于那堵无法逾越的高墙引起的人生之"隔"。

花褪残红青杏小。燕子飞时，绿水人家绕。枝上柳绵吹又少，天涯何处无芳草！　　墙里秋千墙外道。墙外行人，墙里佳人笑。

笑渐不闻声渐悄，多情却被无情恼。

卜算子·黄州定慧院寓居作

这首词是苏轼初贬黄州寓居定慧院时所作。黄庭坚评此词说："语意高妙，似非吃烟火食人语，非胸中有万卷书，笔下无一点尘俗气，孰能至此！"

缺月挂疏桐，漏断人初静。时见幽人独往来，缥缈孤鸿影。　　惊起却回头，有恨无人省。拣尽寒枝不肯栖，寂寞沙洲冷。

浣溪沙

当年苏轼刚治愈手疾，与医生同游清泉寺。上阕本已引出无限迟暮之悲哀，却被东坡一声喝问抹去，归于轻快昂扬。

游蕲水清泉寺，寺临兰溪，溪水西流。

山下兰芽短浸溪，松间沙路净无泥，萧萧暮雨子规啼。　　谁道人生无再少？门前流水尚能西，休将白发唱黄鸡。

鹧鸪天

"又得浮生一日凉"与"又得浮生半日闲"相比，味道如何？

林断山明竹隐墙，乱蝉衰草小池塘。翻空白鸟时时见，照水红蕖细细香。　　村舍外，古城旁，杖藜徐步转斜阳。殷勤昨夜三更雨，又得浮生一日凉。

望江南·超然台作

熙宁七年（1074）秋，苏轼由杭州移守密州（今山东诸城）。次年八月，他命人修葺城北旧台，并由其弟苏辙题名"超然"，取《老子》"虽有荣观，燕处超然"之义。

春未老，风细柳斜斜。试上超然台上看，半壕春水一城花。烟雨暗千家。　　寒食后，酒醒却咨嗟①。休对故人思故国，且将新火试新茶。诗酒趁年华。

①咨嗟：感叹。

文史知识

一、乌台诗案

乌台诗案发生于元丰二年（1079），当时御史何正臣上表弹劾苏轼，称苏轼移知湖州到任后谢恩的上表中，用语暗藏讥刺朝政；御史李定也指出苏轼四大可废之罪。神宗亲自下令由御史台审理，称为"诏狱"。所谓"乌台"，即御史台，因官署内遍植柏树，其上常有乌鸦栖息筑巢，故称"乌台"。

其实，早在苏轼任杭州通判时，来此考察水利的沈括（《梦溪笔谈》的作者）就已经注意搜集当时坊间刊刻的苏轼文集中讽刺神宗新政的有关内容，但当时没有受到朝廷的关注。苏轼虽然对新政看法较为客观，但基本上持反对态度，且他在士大夫中影响力很大，当新政的推行遭遇阻力时，很容易就成为新政拥护者的最大敌人。新政拥护者企图通过对苏轼的迫害乃至审判，达到震慑朝廷内外反对声音，为新政扫除舆论障碍的政治目的。但是，对苏轼的迫害是极为不光彩的行为，不用说君主不杀文臣是宋朝祖制，也不用说上奏的那些所谓罪证不过是些捕风捉影的影射之辞，最关键的是苏轼在变法之初，就于熙宁四年（1072）开封府推官任上递交了《上神宗皇帝书》，阐述了反对新法的理由，这是变法期间最为系统的批评意见。换言之，苏轼的反对立场是公开的、一贯的，当初神宗也并没有因此责罚他，所以他根本无须通过诗歌曲折攻击新政乃至神宗本人。至今我们还可以看到他下狱时所谓招供的部分内容，即解释那些诗歌中隐含的攻击性言论，多为曲意附会，由此我们不难体会到他当时受到了怎样严酷的迫害。所幸，在诸多重臣甚至太后的干预下，苏轼逃过一劫，被安置于黄州待罪，几乎失去人身自由，地位一落千丈，人生彻底发生转折。

乌台诗案对苏轼的打击是很大的，他在监狱中想到过自杀，刚到黄州时，主动断绝了与外界的绝大多数联系，情绪低落。但才学过人的苏轼终于在砥砺中走出阴影，以东坡居士自名，彻底恢复了人生自信。其后，他甚至因为新旧党争被贬至更远的惠州和儋州，却从来没有被真正打倒过。其实，年轻时候的苏轼是才华横溢甚至锋芒毕露的，我们今天熟悉的苏东坡其实恰恰是经历了乌台诗案之后的那个苏轼。

二、苏门四学士

  "苏门四学士"是北宋文学家秦观（秦少游）、黄庭坚、晁补之和张耒的并称。苏轼是继欧阳修之后主持北宋文坛的领袖人物，在当时的作家中间享有巨大的声誉，一时与之交游或受他指导者甚多，秦、黄、晁、张四人都曾得到他的培养、奖掖和荐拔。其中，黄庭坚的影响力最为巨大，诗歌方面，他是宋代江西诗派"三宗"之一（另外二人是陈师道与陈与义）；他的词也颇具特色，被李清照认为是少数能够领悟"词别是一家"宗旨的词人——尽管她依然批评他运用典故太多并时常有瑕疵，他的作品被专门称为"山谷词"；他的书法造诣也很高，名列"宋四家"（其他三人是苏轼、米芾和蔡襄）内。有人认为，如果不是因为苏轼的盛名及其师长的身份，凭藉黄庭坚的书法艺术恐怕应该位列东坡之前。

思考与练习

1. 下列与苏东坡无关的内容是（　　　）

A. 天下有大勇者，卒然临之而不惊，无故加之而不怒。

B. 春宵一刻值千金，花有清香月有阴。

C. 缺月挂疏桐，漏断人初静。

D. 天涯地角有穷时，只有相思无尽处。

2. 下面这首词的词牌是（　　　）

A. 虞美人　　　　　　　　B. 水调歌头

C. 南乡子　　　　　　　　D. 蝶恋花

徐州中秋

苏 辙

离别一何久，七度过中秋。去年东武今夕，明月不胜愁。岂意彭城山下，同泛清河古汴，船上载凉州。鼓吹助清赏，鸿雁起汀洲。　　坐中客，翠羽帔，紫绮裘。素娥无赖，西去曾不为人留。今夜清尊对客，明夜孤帆水驿，依旧照离忧。但恐同王粲，相对永登楼。

3. 下面列举的是历代评论家对苏东坡的评价。请你任选其一，并结合你所熟悉的东坡作品，谈谈自己的感想。

（1）王直方：东坡尝以所作小词示无咎、文潜，曰："何如少游？"二人皆对曰："少游诗似小词，先生小词似诗。"

（2）徐度：（柳永）词虽极工致，然多杂以鄙语，故流俗人尤喜道之。其后欧、苏诸公继出，文格一变，至为歌词，体制高雅。

（3）胡寅：词曲者，古乐府之末造也。文章豪放之士，鲜不寄意于此者，随亦自扫其迹，曰谑浪游戏而已也。唐人为之最工者。柳耆卿后出，掩众制而尽其妙。好之者以为不可复加。及眉山苏氏，一洗绮罗香泽之态，摆脱绸缪宛转之度，使人登高望远，举首高歌，而逸怀浩气，超然乎尘垢之外，于是花间为皂隶，而柳氏为舆台矣。

（4）刘辰翁：词至东坡，倾荡磊落，如诗，如文，如天地奇观。

（5）袁枚：（东坡诗）有才而无情，多趣而少韵：由于天分高，学力浅也。有起而无结，多刚而少柔：验其知遇早晚景穷也。

（6）周济：人赏东坡粗豪，吾赏东坡韶秀。韶秀是东坡佳处，粗豪则病也。东坡每事俱不十分用力，古文、书、画皆尔，词亦尔。

（7）王国维：以宋词比唐诗，则东坡似太白，欧、秦似摩诘，耆卿似乐天，方回、叔原则大历十子之流。

第三单元

唤起骚客叹丧乱
——南宋诗词

单元导读

　　明朝有个聪敏好学、气节与才华并称于后世的大学问家陈弘绪，在夜深人静的漫漫寒夜里秉烛夜读，突然忍不住拍案喝彩："文章、诗歌、小词同时好到这种程度，从古到今真正的第一才女啊！"（《寒夜录》）

　　他夸奖的是李清照。

　　李清照的少年时代随父亲居于汴京，个人生活优渥，京都景象繁华，作为深闺女子，针线女红属于正务，写诗作赋人之常情，李清照却阅读著名的借古讽今的《读中兴颂碑》，读完之后心潮澎湃不能自抑，当即写下令人拍案叫绝的《浯溪中兴颂诗和张文潜》二首，总结唐朝兴废教训，提醒君王当以史为鉴，纵横捭阖，笔势雄峻。连梁启超都夸她"绝对类似苏东坡、辛弃疾的豪放手笔"。

　　在金兵南下、被迫南渡以前，李清照养尊处优，表现较多的尚是女性缠绵特质。南渡以后，经过漂泊颠簸，苦难反而锤炼出她的坚强与豪情。李清照四十五岁的时候，赵明诚任江宁知府（相当于南京市市长）。据《续资治通鉴》记载，当时有一个名叫王亦的武官，带领京城的部队驻扎江宁准备谋反，另一个叫李谟的武官探知之后，一面赶紧派快马告知赵明诚，一面整饬部队严密防范。一夜紧张的对抗之后，李谟前来拜访赵明诚，不料身为一方大员的赵明诚已经在头天晚上约了几个同伙战战兢兢地用绳子溜下城墙逃跑了。

　　丈夫的"缒城宵遁"让李清照耿耿于怀，不久路过乌江霸王祠，想起项羽，李清照替自己的丈夫羞愧难当，于是写下这首著名的《乌江》："生当作人杰，死亦为鬼雄。"博览群书的李清照哪里真的相信人死变鬼？她只想表达一种信念，一种倔强，一种超拔一切、雄视自我的豪情壮志而已。

绍兴三年（1133）五月，朝廷派两位大臣出使金朝。五十岁的李清照满怀激情地作诗送行，表达自己反击侵略、收复国土的强烈愿望。

绍兴四年（1134），李清照在金华避乱，写作《打马赋》。嬉笑怒骂，暗藏讥讽，歌颂抗恶杀敌的壮举，讥刺畏缩不争、贪恋安逸的朝廷。言辞之间，充满了英雄豪杰"烈士暮年，壮心不已"的感慨。

李清照不但善于作诗填词，还是一个闻名后世的文学评论家。她在著名的《词论》里写道：柳永的词名噪一时，但是格调较低；张先等人虽偶有妙句，但是支离破碎称不上名家；欧阳修、苏东坡学问不错，气象不凡，但是写的词根本就是句式不齐的诗；王安石文章厚重，但要是写词，简直让人笑翻在地——挥毫泼墨，指点江山。她的"词，当别具一家也"的主张，对后世影响至为深远。

南宋有很多杰出的诗词作家，豪迈其外，激情其内，如辛弃疾、陆游。他们的诗词，无一例外地展现南宋诗词的情感风貌与精神情怀。由于古代女作家较少，所以本单元选取李清照的作品作为单元主打。

选文部分

1.李清照

浯溪中兴颂碑和张文潜韵二首①（其二）

> 这首诗是李清照早年酬和张耒《读中兴颂碑》诗所作。巾帼豪情，展露无遗。

君不见，惊人废兴传天宝②，中兴碑上今生草。不知负国有奸雄，但说成功尊国老③。谁令妃子④天上来，虢秦韩国⑤皆天才。苑桑羯鼓玉方响⑥，春风不敢生尘埃。姓名谁复知安史，健儿猛将安眠死。去天尺五抱瓮峰，峰头凿出开元字。时移势去真可哀，奸人心丑深如崖。西蜀万里尚能反，南内一闭何时开。可怜孝德如天大，反使将军称好在。呜呼！奴辈乃不能道辅国用事张后尊，乃能念春荠长安作斤卖。

---

①和：依照他人诗词的题材或体裁作诗词。张文潜：北宋诗人，名耒，字文潜，"苏门四学士"之一。张耒曾作有《读中兴颂碑》一诗。　②天宝：唐玄宗年号。　③国老：告老退休的卿大夫。此指郭子仪、李光弼等平息安史之乱的功臣。　④妃子：指杨贵妃。　⑤虢、秦、韩国：杨贵妃三姐妹的封号。　⑥羯鼓：乐器名，据说唐玄宗擅长击羯鼓。方响：乐器。

如梦令

明沈际飞《草堂诗余正集》说："'知否'二字，叠得可味。'绿肥红瘦'创获自妇人，大奇。"清代黄苏《蓼园词选》云："一问极有情，答以'依旧'，答得极澹，跌出'知否'二句来。而'绿肥红瘦'，无限凄婉，却又妙在含蓄。短幅中藏无数曲折，自是圣于词者。"

昨夜雨疏风骤，浓睡不消残酒。试问卷帘人，却道海棠依旧。知否？知否？应是绿肥红瘦。

偶　成

此诗当作于宋高宗建炎三年（1129）赵明诚去世后，抚今忆昔，物是人非。

十五年前花月底，相从曾赋赏花诗。
今看花月浑相似，安得情怀似往时？

题八咏楼

五十岁的李清照避乱流寓金华之时，山河破碎，徒成半壁。八咏楼是婺州临观胜地。十四州指的是宋两浙路共辖二府加十二州。

千古风流八咏楼，江山留与后人愁。

水通南国三千里，气压江城十四州。

忆秦娥

这应是李清照晚年经受国破家亡之痛、颠沛流离之苦后的词作。"阁""薄""角""恶""落""寞"这几个韵脚，如果读者用吴方言读一读，或许能从那短促有力的声韵中感受到作者登高临远的愁绪。

临高阁，乱山平野烟光薄。烟光薄，栖鸦归后，暮天闻角。　　断香残酒情怀恶，西风催衬梧桐落。梧桐落，又还秋色，又还寂寞。

添字采桑子

添字采桑子，词牌名。一作"添字丑奴儿"，同调而异名。添字，在"采桑子"原调上下片的第四句各添入二字，音节和乐句亦相应发生变化。

窗前谁种芭蕉树？阴满中庭；阴满中庭，叶叶心心、舒卷有余情。　　伤心枕上三更雨，点滴霖霪；点滴霖霪，愁损北人、不惯起来听！

武陵春

武陵春，词牌名，双调小令。又名"武林春""花想容"。其名源出东晋陶潜《桃花源记》中"晋太元中，武陵人捕鱼为业"。

风住尘香花已尽，日晚倦梳头。物是人非事事休，欲语泪先流。　　闻说双溪春尚好，也拟泛轻舟。只恐双溪舴艋①舟，载不动、许多愁。

临江仙

作者在词序中说：欧阳公作《蝶恋花》，有"深深深几许"之句，予酷爱之。用其语作"庭院深深"数阕，其声即旧《临江仙》也。

庭院深深深几许，云窗雾阁常扃。柳梢梅萼渐分明，春归秣陵树，人老建康城。　　感月吟风多少事，如今老去无成。谁怜憔悴更凋零，试灯无意思，踏雪没心情。

---

①舴艋（zé měng）：形似蚱蜢的小船。

蝶恋花·晚止昌乐馆寄姊妹

此词是作者结婚不久，从青州赴莱州探夫途中夜宿昌乐县（今属山东）驿馆时怀念其家乡姊妹的。唐朝王维写过"劝君更尽一杯酒，西出阳关无故人"，李清照的"四叠阳关"，则是和泪而歌千千遍。

泪湿罗衣脂粉满，四叠阳关，唱到千千遍。人道山长山又断，潇潇微雨闻孤馆。　　惜别伤离方寸乱，忘了临行，酒盏深和浅。好把音书凭过雁，东莱不似蓬莱远。

一剪梅

锦书，对书信的一种美称。《晋书·窦滔妻苏氏传》云：苏蕙织锦为回文旋图诗，以赠其被徙流沙的丈夫窦滔。这种用锦织成的字称"锦字"，又称"锦书"。

红藕香残玉簟秋，轻解罗裳，独上兰舟。云中谁寄锦书来？雁字回时，月满西楼。　　花自飘零水自流，一种相思，两处闲愁。此情无计可消除，才下眉头，却上心头。

渔家傲·记梦

天接云涛连晓雾，星河欲转千帆舞。彷佛梦魂归帝所，闻天语，殷勤问我归何处。　　我报路长嗟日暮，学诗漫有惊人句。九万里风鹏正举，风休住，蓬舟吹取三山去。

2.辛弃疾

摸鱼儿

更能消、几番风雨？匆匆春又归去。惜春长怕花开早，何况落红无数。春且住。见说道、天涯芳草无归路。怨春不语。算只有殷勤，画檐蛛网，尽日惹飞絮。　　长门①事，准拟佳期又误。蛾眉曾有人妒。千金纵买相如赋，脉脉此情谁诉？君莫舞。君不见、玉环飞燕②皆尘土！闲愁最苦。休去倚危栏，斜阳正在，烟柳断肠处。

---

①长门：汉代宫殿名，武帝陈皇后失宠后被幽闭于此，《长门赋序》："孝武陈皇后，时得幸，颇妒。别在长门宫，愁闷悲思，闻蜀郡成都司马相如天下工为文，奉黄金百万，为相如、文君取酒，因以悲愁之辞，而相如为文以悟主上，陈皇后复得幸。"　②玉环飞燕：杨玉环、赵飞燕，都属于貌美善妒的女子。

菩萨蛮·书江西造口壁

此词约作于宋孝宗淳熙二、三年（1175、1176），作者任江西提点刑狱期间。此时辛弃疾在赣州任职，感念四十多年前金兵侵扰赣西地区事，悲愤而作此词。"青山遮不住，毕竟东流去"，何其简捷，何其怅惋。

郁孤台下清江水，中间多少行人泪。西北望长安，可怜无数山。　　青山遮不住，毕竟东流去。江晚正愁余，山深闻鹧鸪。

祝英台近·晚春

这首词的作年无可考。疑似写深闺女子暮春时节，怀人念远、寂寞惆怅的相思之情，在辛词中别具一格。沈谦的《填词杂说》曾说："稼轩词以激扬奋厉为工，至'宝钗分，桃叶渡'一曲，昵狎温柔，魂消意尽，词人伎俩，真不可测。"

宝钗分，桃叶渡，烟柳暗南浦。怕上层楼，十日九风雨。断肠片片飞红，都无人管，更谁劝啼莺声住？　　鬓边觑，试把花卜归期，才簪又重数。罗帐灯昏，哽咽梦中语：是他春带愁来；春归何处？却不解带将愁去。

青玉案·元夕

　　这首词大约是词人在临安任职时所作。京城元宵节之夜，满城灯火，游人如云，彻夜歌舞。繁华之中，惟有一人独立于灯火阑珊处，别有心思，别具风姿。作者借词寄托怀抱，表明自己遗世独立的高尚情志。

　　东风夜放花千树，更吹落、星如雨。宝马雕车香满路。凤箫声动，玉壶光转，一夜鱼龙舞。　　蛾儿雪柳黄金缕，笑语盈盈暗香去。众里寻他千百度，蓦然回首，那人却在，灯火阑珊处。

鹧鸪天

　　宋高宗三十一年（1161），作者在济南金占领区，率起义队伍两千余人，投义军耿京部任掌书记。次年，受耿京委派至建康谒宋高宗，归途至海州，闻耿京被叛徒张安国所害，作者率义兵五十余人直趋济州（今山东巨野）张安国驻地，将叛徒擒获，突围渡江，至临安献俘。

有客慨然谈功名，因追念少年时事，戏作。

壮岁旌旗拥万夫，锦襜突骑渡江初[1]。燕兵夜娖银胡䩮[2]，汉箭朝飞金仆姑。　　追往事，叹今吾，春风不染白髭须。却将万字平戎策，换得东家种树书。

贺新郎

辛弃疾的这首《贺新郎》，乃是仿陶渊明《停云》"思亲友"之意而作，抒写了作者罢职闲居时的寂寞与苦闷的心情。据邓广铭《稼轩词编年笺注》考证，此词作于宋宁宗庆元四年（1198）前后，此时辛弃疾赋闲已四年。他在信州铅山（今属江西）的新居中有"停云堂"，即取陶渊明《停云》诗意。

邑中园亭，仆皆为赋此词。一日，独坐停云，水声山色，竞来相娱。意溪山欲援例者，遂作数语，庶几仿佛渊明思亲友之意云。

甚矣吾衰矣。怅平生、交游零落，只今余几！白发空垂三千丈，一笑人间万事。问何物、能令公喜？我见青山多妩媚，料青山见我应如是。情与貌，略相似。　　一尊搔首东窗里。想渊明《停云》诗就，此时风味。江左沉酣求名者，岂识浊醪[3]妙理？回首叫、云飞风起。不恨古人吾不见，恨古人不见吾狂耳。知我者，二三子[4]。

---

①锦襜（chān）：锦衣。突骑：精锐骑兵。　　②娖（chuò）：整理。银胡䩮（lù）：银饰的箭袋。
③浊醪（láo）：浊酒。　　④二三子：诸位。

3.陆 游

鹧鸪天

刘克庄《后村诗话续集》把陆游的词分为三类："其激昂慷慨者，稼轩不能过；飘逸高妙者，与陈简斋、朱希真相颉颃；流丽绵密者，欲出晏叔原、贺方回之上。"这首《鹧鸪天》可以算是飘逸高妙一类吧。

家住苍烟落照间，丝毫尘事不相关。斟残玉瀣①行穿竹，卷罢黄庭②卧看山。　　贪啸傲，任衰残，不妨随处一开颜。元③知造物心肠别，老却英雄似等闲！

朝中措·梅

这首咏梅词，通篇不见"梅"字，却处处借梅花以自喻。

幽姿不入少年场，无语只凄凉。一个飘零身世，十分冷淡心肠。　　江头月底，新诗旧梦，孤恨清香。任是春风不管，也曾先识东皇④。

---

①玉瀣（xiè）：美酒。　　②黄庭：指道教经典《黄庭经》。　　③元：同"原"，原来。　　④东皇：传说中的春神。

谢池春

陆游四十八岁那年，二月由夔州（治今四川奉节）通判转任四川宣抚使王炎幕下的干办公事兼检法官。同年十月，因王炎被召还，幕府遭解散，陆游于十一月赴成都上新任。宣抚司治所在南郑（今陕西汉中），是当时西北前线的军事要地。

壮岁从戎，曾是气吞残虏。阵云高、狼烟夜举。朱颜青鬓，拥雕戈西戍。笑儒冠自来多误。　　功名梦断，却泛扁舟吴楚。漫悲歌、伤怀吊古。烟波无际，望秦关何处？叹流年又成虚度！

夜游宫·记梦寄师伯浑

积贫积弱的南宋是需要英雄的时代，也是英雄难有作为的时代。英雄暮年，壮志难酬。

雪晓清笳①乱起，梦游处、不知何地。铁骑无声望似水。想关河，雁门西，青海际。　　睡觉寒灯里，漏声断②、月斜窗纸。自许封侯在万里。有谁知？鬓虽残，心未死。

①笳：古管乐器名。　②漏声断：即"漏声尽"，指夜深。

钗头凤

　　词人与原配唐氏被迫分开后，在禹迹寺南沈园偶然相遇，怨恨愁苦而又难以言传。

　　红酥手①，黄縢②酒，满城春色宫墙柳。东风恶，欢情薄。一怀愁绪，几年离索。错！错！错！　　春如旧，人空瘦，泪痕红浥鲛绡③透。桃花落，闲池阁。山盟虽在，锦书难托。莫！莫！莫！

临安春雨初霁

　　淳熙十三年（1186），此时陆游已六十二岁，在家乡山阴（今浙江绍兴）赋闲了五年。少年时的意气风发与壮年时的裘马意气，都随着岁月流逝。

　　世味年来薄似纱，谁令骑马客京华。

　　小楼一夜听春雨，深巷明朝卖杏花。

　　矮纸斜行闲作草，晴窗细乳戏分茶④。

　　素衣莫起风尘叹⑤，犹及清明可到家。

---

①红酥手：红润细软的纤手。　　②黄縢（téng）酒：指美酒。　　③鲛绡（jiāo xiāo）：由鲛人所织的薄纱。《搜神记》卷十二："南海之外有鲛人，水居如鱼，不废织绩。其眼泣，则能出珠。"　　④这句诗的意思是：在小雨初晴的窗边，望着煮茶时水面冒起的白色小泡沫，阵阵茶香飘来。　　⑤这句诗的意思是：身着白衣，不要感叹会被风尘之色所玷污。

金错刀行

金错刀，就是用黄金装饰的刀。战国时，秦攻楚，占领了楚国不少地方。楚人激愤，有楚南公云："楚虽三户，亡秦必楚。"三户，指屈、景、昭三家。"岂有堂堂中国空无人"——掷地真有金石声！

黄金错刀白玉装，夜穿窗扉出光芒。

丈夫五十功未立，提刀独立顾八荒。

京华结交尽奇士，意气相期共生死。

千年史册耻无名，一片丹心报天子。

尔来从军天汉滨，南山晓雪玉嶙峋。

呜呼！楚虽三户能亡秦，岂有堂堂中国空无人！

示 儿

八十五岁的陆游一病不起，在临终前，留下了这首《示儿》。拳拳报国之心，日月可鉴。

死去元知万事空，但悲不见九州同。

王师北定中原日，家祭无忘告乃翁。

文史知识

词的婉约派与豪放派

这是一组流传甚广并且至今依然在许多场合使用的概念，它最早是由明代的词论家张綖（yán）提出来的，他在《诗余图谱》中说："词体大略有二，一体婉约，一体豪放。婉约者欲其词调蕴藉，豪放者欲其气象恢宏。"文艺理论家总是希望以最精简的理论工具来总结浩如烟海的前代创作，于是词被简单地分为婉约派和豪放派也就顺理成章了。大体上说，那些格局较小、以描摹男女爱情为主题、表现手法细腻委婉且描写细致入微的词作，往往被认为是属于婉约派的，比如李煜、柳永、李清照等的作品；而那些格局开张、气象宏大、感情豪迈并以历史家国为主题的词作，常被归入豪放派，如苏轼、张孝祥、辛弃疾等的作品。

一般来说，这样的分法尽管粗略——因为连张綖也只是说"大略"而已——多少能够部分地把握住作品的风格。但从词这一文学体裁的发展来看，这却是不符合事实的。词的真正兴盛应该从五代《花间集》的集结为标志，这本词集尽管是西蜀赵崇祚编辑的，但在北宋却拥有较高的地位。据说北宋初期赞誉一位作家词写得好，常以《花间》方之。这说明以《花间集》为代表的绮靡艳丽的词风在当时是被视为典范的。换言之，如果我们承认上述描述婉约派词特征的话，那么可以认为词本来就应该是"婉约"的。如此，也就无所谓有一个看似与之对立的"豪放派"存在了。

但苏轼的《江城子·密州出猎》《念奴娇·赤壁怀古》和《定风波》（莫听穿林打叶声）等词实在又与柳永"针线闲拈伴伊坐"式的作品，甚至与其师欧阳修的"庭院深深深几许"式的作品存在着难以否认的差异——更不用说辛弃疾"把栏杆拍遍"这样刚强雄健风格的作品了。看起来似乎确实从苏轼开始，出现了一种与《花间》传统迥然不同的趋势，将原本喃喃低语式的深闺私情与闲愁春情换作了"须关西大汉，铜琵琶，铁绰板"来演绎的豪放情怀。但在东坡存世的三百四十多首词中，这样的"豪放词"又屈指可数，而大量的还是传统的《花间》风格，他并没有脱离这个填词传统。

其实，这一矛盾不难解释。词的出现事实上恢复了《国风》乃至乐府的本义，即歌与诗的结合，也因此，词从一开始就强调抒情性，尤其是男女之情。当士大夫投入创作后，那些为了维护外在形象而不得不加以掩饰的私人感情被注入词这种并非正统也因而不必负载过多道义责任的文学体裁。如欧阳修的《玉楼春》（夜来枕上争闲事），描绘一对夫妻吵架，绘声绘色，倘若不是自己亲身经历的日常生活情境，恐怕难以如此传神。而这种夫妻争吵的小事，又不大可能通过诗文的形式呈现，而使用词这样一种消遣性较强的体裁恰到好处。同时，也有人注意到北宋官署乃至士大夫家都有蓄养歌女舞者的风气，笙歌燕舞之下，未免惹来许多情缘，因此婉约柔媚的词也适应了这种生活方式的表达需要。这样看来，东坡词中出现的"变调"，是苏轼将原本应该由诗文承担的表达功能改由词来表现[①]。该类作品占比很小，表明他只是作尝试性的写作，甚至可以推论，倘若不是苏轼在文学史上举足轻重、难以撼动的地位，这类词也许不会迅速得到认可，李清照对此提出的诘难就可以佐证这一点。但黄庭坚在《小山词序》中称赞晏几道为"嬉弄于乐府之余，而寓于诗人之句法"，可见"诗人句法"并不是区分传统词与东坡那些革新词的根本界限——毕竟诗也可以抒发离情相思一类的绮靡之情。若从词在时代中的动态发展来看，则不难发现东坡词在南宋的发扬其实是时事所趋。战争在诗歌创作内容转变上的重要作用，战争是最直接的社会现实内容，也给每一种文学体裁以刺激和冲击，战争是柔情的天敌，因此，南宋尽管《花间》传统不断，但以辛弃疾、陆游等为代表的刚毅词风俨然成为南宋词坛不可或缺的一部分。也就是说，诗歌题材入词是从内部促使词的内容拓展，动荡的时代则自外部改变着词的境界和格调。

今天，如果我们要继续使用这一对术语的话，或许应该注意到"豪放派"是一个历时概念，它是在"婉约派"不断发展的过程中逐步确立自己地位的。它们本身并不对立，也最好不要将其与某位词家作绝对勾连。

①见章培恒、骆玉明：《中国文学史新著》（第二版增订本），复旦大学出版社，2011年版，第192页。

思考与练习

1.写出下面这首词的词牌。

谁使神州，百年陆沉，青毡未还？恨晨星残月，北州豪杰；西风斜日，东帝江山。刘表坐谈，深源轻进，机会失之弹指间。伤心事，是年年冰合，在在风寒。　　说和说战都难，算未必江沱堪宴安。叹封侯心在，鳣鲸失水；平戎策就，虎豹当关。渠自无谋，事犹可做，更别残灯抽剑看。麒麟阁，岂中兴人物，不画儒冠？

2.比较下面两首词。尝试说说婉约词与豪放词的特征。

武陵春

风住尘香花已尽，日晚倦梳头。物是人非事事休，欲语泪先流。　　闻说双溪春尚好，也拟泛轻舟。只恐双溪舴艋舟，载不动、许多愁。

水龙吟·登建康赏心亭

楚天千里清秋，水随天去秋无际。遥岑远目，献愁供恨，玉簪螺髻。落日楼头，断鸿声里，江南游子，把吴钩看了，阑干拍遍，无人会，登临意。　　休说鲈鱼堪脍，尽西风，季鹰归未？求田问舍，怕应羞见，刘郎才气。可惜流年，忧愁风雨，树犹如此！倩何人、唤取红巾翠袖，揾英雄泪。

3.开一个小型的故事会，讲述李清照、辛弃疾、陆游的故事。

4.苏轼的《水调歌头》（明月几时有）似乎很难用豪放或婉约去界定，他的《沁园春》（孤馆灯青）也很难说全是豪放的；类似的，辛弃疾写过"把阑干拍遍"，却也写了"众里寻他千百度"，甚至还有"最喜小儿无赖"；陆游写过缠绵悱恻的《钗头凤》，却也谱写过苍劲的《诉衷情》（当年万里觅封侯）；即使连李清照都写过"九万里风鹏正举"（《渔家傲》）的豪情句子。你如何看待这一现象？可以与其他同学合作，挑选几位具有代表性的词作家，对他们的作品风格作一宏观而全面的把握，再来谈谈你对婉约词与豪放词的新认识。

第四单元

时代的被遗弃者与反抗者
——关汉卿及其他元散曲作家

单元导读

　　元朝有个在仕途上很不得意的人，名叫钟嗣成。他在中国历史上留下一部著名的作品，叫《录鬼簿》。从金代末期到元代中期，钟嗣成把他看重的杂剧家、散曲家，选了八十个人，列入他的《录鬼簿》中。位列第一的，是他的前辈关汉卿。

　　关汉卿，金末元初人。生长和活动的地区主要在今天的山西。至于他的祖籍，有的说是北京，有的说是河北，现在已经很难确定。其实或许根本没有辨别的必要——北京也罢，河北也罢，在古代都属于"燕赵"之地。唐朝的韩愈说："燕赵古称多慷慨悲歌之士。"宋代大文豪苏东坡也赞叹："幽燕之地，自古号多豪杰。"无论北京还是河北，都是热土，大地上有慷慨激昂的基因。

　　关汉卿毫无疑问拥有这样的基因。他自称"普天下郎君领袖，盖世界浪子班头"。不要以为"郎君"是什么高雅的名号，在元代，这是跟青楼女子厮混者的代名词。在中国，无论什么朝代，无论兴盛怎样的文化，跟青楼女子厮混总不是什么光彩的事情，一般人即便实有其事，也会避讳不及。可关汉卿不仅大声宣扬，把自己列为"领袖"，还大张旗鼓地写成文字，供当时的人们四处演唱。

　　他真的是正统文化的"异类"甚至败类吗？

　　关汉卿借《感天动地窦娥冤》呼天抢地：为什么善恶颠倒、是非混淆？为什么好人命短、恶人富贵？为什么连老天也顺风推船？——要知道，一个心底不横着正义标杆，眼里看不到社会弱小，只有浑浑噩噩或花天酒地的人，是发不出这样的呐喊和控诉的。关汉卿的眼睛，很少在奢侈浮华间逗留，他所看到的，都是下层百姓的苦辣辛酸。无奈之下，他用那"姑作快意"（郑振铎《关汉卿传略》）的笔，"安排"宋代的包拯、可与"阴间"对话的窦天章，严惩恶霸，替浑浊的世界主持正道、投放光明。

他让我们想起古希腊的狄奥根尼。狄奥根尼是一个富有的钱商的儿子，可是他不去赚钱，而是把自己装进一个用来埋葬死人的大瓮里，下定决心像一条狗一样生活，据说有一次那个有名的亚历山大拜访他，问他想要什么恩赐，他回答说："只要你别挡住我的太阳光。"

亚历山大发表他对狄奥根尼的议论：他一点也没有我们所谓"玩世不恭"的东西——恰恰相反，他对"德行"具有一种热烈的感情。关汉卿的桀骜不驯，透示的也正是他对人间正道的强烈渴望和追求。

本单元辑录了部分关汉卿的散曲作品，也选取元代其他著名曲作家的散曲名篇，试图让它们互为关照，互为注解。

选文部分

一、关汉卿散曲选

【南吕·四块玉】别情

> 苏轼《少年游》曾经写道："去年相送，余杭门外，飞雪似杨花。今年春尽，杨花似雪，犹不见还家。"相思之人，自古最怕是离别。

自送别，心难舍，一点相思几时绝。凭阑袖拂杨花雪[①]。溪又斜[②]，山又遮，人去也。

【南吕·四块玉】闲适

> 看看关汉卿在那样一个时代中是如何"闲快活"的呢？

---

①这句话的意思是：抒情主人公靠着栏杆，用衣袖拂去如雪的飞絮，以免妨碍视线。　②斜：此处指溪流拐弯。

其 一

适意行，安心坐。渴时饮饥时餐醉时歌，困来时就向莎茵①卧。日月长，天地阔，闲快活。

其 二

旧酒投，新醅泼②，老瓦盆边笑呵呵。共山僧野叟闲吟和。他出一对鸡，我出一个鹅，闲快活。

其 三

意马收，心猿锁。跳出红尘恶风波，槐阴午梦谁惊破。离了利名场，钻入安乐窝，闲快活。

其 四

南亩③耕，东山卧④，世态人情经历多。闲将往事思量过。贤的是他，愚的是我，争什么！

【双调·沉醉东风】

"舍不得"却必须舍得，徒有心里千千结。

咫尺的天南地北，霎时间月缺花飞。手执着饯行杯，眼阁⑤着别离泪。刚道得声保重将息⑥，痛煞煞教人舍不得。好去者望前程万里！

---

①莎（suō）茵：指草坪。　②这两句话的意思是：旧有的酒再次酿造好，新酿的酒也已经可以饮用。　③南亩：代指农田。　④东山卧：指隐居。　⑤阁：同"搁"，放置。　⑥息：养息、休息，调养身体。

【南吕·一枝花】杭州景

> "钱塘自古繁华"，南宋以杭州为都城，经过一百多年的经营，到了元代，百十里街衢，万余家楼阁；松轩竹径，药圃花蹊；一带琼瑶，千叠翡翠。果真锦绣之乡、诗文之地。

普天下锦绣乡，寰海内风流地。大元朝新附国，亡宋家旧华夷①。水秀山奇，一到处堪游戏。这答儿忒富贵。满城中绣幕风帘，一閧地②人烟凑集。

【梁州】百十里街衢整齐，万余家楼阁参差，并无半答儿闲田地。松轩竹径，药圃花蹊，茶园稻陌，竹坞梅溪。一陀儿一句诗题，行一步一扇屏帏。西盐场便似一带琼瑶，吴山色千叠翡翠。兀良、望钱塘江万顷玻璃。更有清溪、绿水，画船儿来往闲游戏。浙江亭紧相对，相对着险岭高峰长怪石，堪羡堪题。

【尾】家家掩映渠流水，楼阁峥嵘③出翠微，遥望西湖暮山势。看了这壁，觑了那壁，纵有丹青下不得笔。

---

①华夷：原意是中原与四边的少数民族，这里用以代指国家。　②一閧地：即"一哄的"，指喧闹的样子。　③峥嵘：本来用以形容山势高峻，这里指楼阁高耸。

【南吕·一枝花】不伏老

谈及关汉卿，必然要说到这支套曲，尤其是著名的"铜豌豆"——虽然这个词的本义多少带有些猥亵的意味。看起来这是位久在风月场所放浪形骸的浪荡子，而这字里行间跃动着的狂放不羁，是那个特殊年代底层士人的低沉怒吼。

攀出墙朵朵花，折临路枝枝柳。花攀红蕊嫩，柳折翠条柔，浪子风流。凭着我折柳攀花手，直熬得花残柳败休。半生来折柳攀花，一世里眠花卧柳。

【梁州】我是个普天下郎君领袖，盖世界浪子班头。愿朱颜不改常依旧。花中消遣，酒内忘忧，分茶攧竹①，打马藏阄，通五音六律滑熟：甚闲愁到我心头？伴的是银筝女、银台前、理银筝、笑倚银屏，伴的是玉天仙、携玉手、并玉肩、同登玉楼，伴的是金钗客、歌《金缕》、捧金樽、满泛金瓯。你道我老也、暂休，占排场风月功名首，更玲珑又剔透。我是个锦阵花营都帅头，曾玩府游州。

【三煞】子弟每是个茅草冈、沙土窝初生的兔羔儿乍向围场上走，我是个经笼罩、受索网、苍翎毛、老野鸡蹅②踏的阵马儿熟。经了些窝弓冷箭镴③枪头，不曾落人后。恰不道人到中年万事休，我怎肯虚度了春秋？

【黄钟尾】我是个蒸不烂、煮不熟、揪不匾、炒不爆、响珰珰

---
①攧（diān）竹：是一种赌博的游戏。攧，摔打。以下"打马""藏阄"都是当时赌博猜拳一类的游戏。　②蹅（chǎ）：与"踏"同义。　③镴（là）：锡与铅的合金。

一粒铜豌豆，恁子弟每谁教你钻入他锄不断、斫不下、解不开、顿不脱、慢腾腾千层锦套头？我玩的是梁园月，饮的是东京酒，赏的是洛阳花，攀的是章台柳。我也会围棋、会蹴鞠、会打围、会插科，会歌舞、会吹弹、会嗽作①、会吟诗、会双陆②。你便是落了我牙、歪了我嘴、瘸了我腿、折了我手，天赐与我这几般儿歹症候，尚兀自不肯休！

【尾声】则除是阎王亲自唤，神鬼自来勾。三魂归地府，七魄丧冥幽。天哪！那其间才不向烟花路儿上走！

二、其他散曲作家作品选

1. 白 朴③

【越调·天净沙】（选二）

> 马致远的《天净沙·秋思》向来被视为秋思的经典之作，而白朴的这一首也常用以作比较，尽管一般都认为略逊一筹，但在艺术手法上这组作品使用了意象叠加这一中国古典诗歌中独特的技巧，极富画面感。

秋

孤村落日残霞，轻烟老树寒鸦，一点飞鸿影下。青山绿水，

---

①嗽作：即歌唱。　②双陆：一种赌博的游戏。　③白朴（1226—1306），字仁甫，号兰谷。祖籍在今山西，寓居在今河北，他的父亲白华与金代著名文学家元好问有交谊，蒙古侵金时白朴得到元好问帮助得以避难于山东。金被灭后他不愿意出仕，后来迁居金陵。一般文学史都将他与关汉卿、马致远、郑光祖并称为"元曲四大家"。他的作品今存杂剧三种，小令三十七首，套曲四篇。王国维评价他与马致远的作品风格为"高华雄伟"。

白草红叶黄花。

冬

一声画角谯门[1]，半庭新月黄昏，雪里山前水滨。竹篱茅舍，淡烟衰草孤村。

【双调·沉醉东风】渔父

文化总是具有一种束缚性，文人不得意的时候往往羡慕那些外在于这套规定的形象，渔父是其中较为古老的一种。从屈原的"渔父"到柳宗元的"渔翁"，他们已经成为文人希望解脱的象征。

黄芦岸白蘋渡口，绿杨堤红蓼滩头。虽无刎颈交[2]，却有忘机友[3]，点秋江白鹭沙鸥。傲煞人间万户侯，不识字烟波钓叟。

---

①谯（qiáo）门：城楼上用以瞭望敌情的楼。　②刎颈交：生死之交。　③忘机友：忘却机心的朋友，能够坦诚相待的友人。

2.乔 吉[1]

【中吕·卖花声】悟世

元代特殊的历史背景，使文人原本出世、入世的矛盾发生了变化，入世无路，出世也就很难说是一种解脱、躲避之途，豁达中多少有些酸涩。

肝肠百炼炉间铁，富贵三更枕上蝶，功名两字酒中蛇[2]。尖风[3]薄雪，残杯冷炙，掩清灯竹篱茅舍。

3.睢景臣[4]

【般涉调·哨遍】高祖还乡

本篇妙在视角特殊，这位高祖的老熟人不知道昔日的浪荡子已经摇身一变为帝国的皇帝，还奇怪这么多莫名其妙的排场；从他口中居然听到这么多高祖的尴尬往事，真让人忍俊不禁。

社[5]长排门告示：但有的差使无推故。这差使不寻俗。一壁厢

①乔吉（？—1345），字梦甫，或作孟符，号"鹤笙翁"，又号"惺惺道人"。山西太原人，后来主要在杭州居住。今存杂剧三种，存世散曲数量在元人中仅次于张可久。他是元中叶作家，其作品较之前的关汉卿等呈现出典雅化的特点。　　②第二句用庄生梦蝶的典故，第三句用"杯弓蛇影"的典故，都是将功名利禄视为虚无的意思。开头三句对仗严整，这样的对法被称为"鼎足对"。　　③尖风：刺骨寒风。　　④睢（suī）景臣：字景贤，扬州人，生卒年不详，但属于早期元曲作家。今仅存套曲三篇，以所选篇目最为著名。据钟嗣成《录鬼簿》记载，当时扬州曲作家都写作了高祖还乡主题的套曲，但睢景臣所作力压众人。从中我们可以看到元代士人对于历史、权威的一种颠覆性诠释和虚构。　　⑤社：古时地方的基层单位，元代以五十家为一社。

纳草除根，一边又要差夫，索应付^①。又言是车驾，都说是銮舆^②，今日还乡故。王乡老执定瓦台盘，赵忙郎抱着酒葫芦。新刷来的头巾，恰糨^③来的绸衫，畅好是妆幺^④大户。

【耍孩儿】瞎王留引定火乔男女^⑤，胡踢蹬^⑥吹笛擂鼓。见一彪^⑦人马到庄门，匹头里^⑧几面旗舒：一面旗白胡阑套住个迎霜兔，一面旗红曲连打着个毕月乌，一面旗鸡学舞^⑨，一面旗狗生双翅，一面旗蛇缠葫芦。

【五煞】红漆了叉，银铮^⑩了斧。甜瓜苦瓜^⑪黄金镀。明晃晃马镫枪尖上挑^⑫，白雪雪鹅毛扇上铺。这几个乔人物，拿着些不曾见的器仗，穿着些大作怪衣服。

【四煞】辕条上都是马，套顶上不见驴。黄罗伞柄天生曲。车前八个天曹判^⑬，车后若干递送夫。更几个多娇女，一般穿着，一样妆梳。

【三煞】那大汉下的车，众人施礼数。那大汉觑得人如无物。众乡老展脚舒腰拜，那大汉挪身着手扶。猛可里^⑭抬头觑，觑多时认得，险气破我胸脯！

【二煞】你须^⑮身姓刘，您妻须姓吕。把你两家儿根脚从头数。你本身做亭长耽^⑯几盏酒，你丈人教村学读几卷书。曾在俺庄

---

①索应付：一定要好好应对。　②车驾、銮舆：这里都代指皇帝。　③糨：使用米汤水刷在洗净的衣服上使之挺括。　④妆幺：装模作样的意思。　⑤王留：元曲中常用来指代乡人。乔男女：指奸猾之人。　⑥胡踢蹬：胡乱地。　⑦一彪（biāo）人马：一队人马。彪，通"彪"，量词，用于人马。　⑧匹头里：即当头的意思。　⑨鸡学舞：是对凤凰旗的戏称。以下"狗生双翅""蛇缠葫芦"分别是对飞虎旗和蟠龙戏珠旗的戏称。　⑩银铮：镀银。　⑪甜瓜苦瓜：对帝王仪仗中金瓜锤的戏称。　⑫这句话描摹的是仪仗中的朝天镫。下一句则是对仪仗中鹅毛扇的戏称。　⑬天曹判：天上的判官，这里指侍从人员。　⑭猛可里：猛然间。　⑮须：本来。　⑯耽：沉溺，迷恋。

东住，也曾与我喂牛切草，拽坝①扶锄。

【一煞】春采了桑，冬借了俺粟。零支了米麦无重数。换田契强秤了麻三秤，还酒债偷量了豆几斛。有甚胡突处，明标着册历，见②放着文书。

【尾声】少我的钱，差发内旋拨还③；欠我的粟，税粮中私准除④。只道刘三⑤，谁肯把你揪捽住⑥，白⑦甚么改了姓、更了名唤做汉高祖！

4.张养浩⑧

【双调·折桂令】过金山寺

> 张养浩为官清廉，爱民如子。曾因关中旱灾，被任命为陕西行台中丞以赈灾民。他隐居后，本决意不再涉仕途，但听说重召他是为了赈济陕西饥民，就不顾年事已高，毅然应命。散尽家财，尽心尽力，终因过度操劳而殉职。这首《折桂令》即在"关中大旱"之际写下。

长江浩浩西来，水面云山，山上楼台。山水相连，楼台相对，天与安排⑨。诗句成、风烟动色，酒杯倾、天地忘怀。醉眼睁开，遥望蓬莱，一半儿云遮，一半儿烟霾。

---

①拽坝（jù）：指翻整土地一类的农活。　　②见：同"现"，现在。　　③这句话的意思是：刘邦家过去欠下的钱现在于官家的赋税中抵扣以偿还。　　④这句话的意思是：刘邦家过去欠下的粮现在暗地里予以扣除。　　⑤刘三：刘邦排行第三，故称。　　⑥揪捽（zuó）：揪住，抓住。　　⑦白：平白无故地。　　⑧张养浩（1270—1329），字希孟，号云庄，山东济南人。他是元曲作家中为官较高者，在中央政府担任过言官，直言进谏，得罪过权贵，也担任过礼部侍郎主持科举考试；在地方也担任过官职，政绩卓著。后因触怒英宗而辞官归隐。文宗天历二年（1329），关中大旱，他被征召赈灾，到任仅四月就因操劳过度去世，被授予"文忠"的美谥。他的作品有一部分表现归隐后的闲适生活，有一部分则表达了对国事百姓的关切。他身上较多体现了中国传统士大夫的命运。　　⑨这句话的意思是：上天给予安排。

5. 贯云石①

【双调·水仙子】田家

李白《春夜宴桃李园序》说："浮生若梦,为欢几何?"作者传奇的一生最终以传统文人的生活方式为归依,或许也是意识到人生短暂、乐少苦多的本质吧。

绿阴茅屋两三间,院后溪流门外山。山桃野杏开无限,怕春光虚过眼,得浮生半日清闲。邀邻翁为伴,使家僮过盏②,直吃的老瓦盆干。

6. 无名氏

【正宫·醉太平】讥贪小利者

本曲使用的是赋的手法,运用夸饰来讽刺那些贪图小利之辈,读来不但幽默风趣,还有种出口恶气的快感。

---

①贯云石,维吾尔族,原名小云石海涯,父名贯只歌,就以贯为姓,号酸斋,又号芦花道人。年轻时因精于骑射,出任武官。后来弃武从文,仁宗时任翰林院侍读学士等文官。后来归隐杭州,去世后被授予"文靖"的谥号。他同时还是一位书法家。　②过盏:传递酒杯。

夺泥燕口，削铁针头，刮金佛面细搜求，无中觅有。鹌鹑嗉^①里寻豌豆，鹭鸶腿上劈精肉，蚊子腹内刳脂油。亏老先生下手！

7.查德卿^②

【越调·柳营曲】金陵故址

> 六朝古都，多少繁华、征战、荒芜的轮回，人在其中实在是太过渺小的存在。

临故国，认残碑，伤心六朝如逝水。物换星移，城是人非，今古一枰棋。南柯梦一觉初回，北邙坟^③、三尺荒堆。四围山护绕，几处树高低。谁？曾赋黍离离。

8.徐再思^④

【双调·蟾宫曲】春情

> 古人写春情相似者浩如烟海，这一首小令特点在于将相思状态中的迷狂、杂乱、执著、窒息的感觉与曲调韵律完美融合。无论是开头的三个"相思"，还是尾声的四处"时"，都使抒情主人公喃喃自语、苦苦相思的情状宛如眼前。

---

①嗉(sù)：鸟类的食囊。　②查德卿：生平不详，今存小令二十三首。　③北邙坟：北邙山风水极佳，多墓葬，此处泛指墓地。　④徐再思：生卒年不详，字德可，嘉兴人。和贯云石是同时代人。因好吃甜食，自号"甜斋"，今存小令一百零三首。

平生不会相思，才会相思，便害相思。身似浮云，心如飞絮，气若游丝。空一缕余香在此，盼千金游子何之？症候来时，正是何时？灯半昏时，月半明时。

9.张可久^①

【黄钟·人月圆】山中书事

> 目睹的兴衰越多，生命越呈现出其悲感的本质，这是从建安诗人到陶渊明以下许许多多文人所深切感怀的。山中的闲适，或许恰足以暂时掩饰这一切。

兴亡千古繁华梦，诗眼倦天涯。孔林^②乔木，吴宫蔓草，楚庙寒鸦。　　数间茅舍，藏书万卷，投老村家。山中何事，松花酿酒，春水煎茶。

【中吕·满庭芳】山中杂兴（其一）

> 白居易、苏轼都是饱尝仕途艰辛后，终于获得超然生命享受的文人，也是后辈士人的人生典范。生命的滋味也许就在那些普通的饮食起居之间吧。

①张可久：号小山。庆元（今浙江鄞〔yín〕县）人。曾在家乡一带担任小吏和幕僚。喜好游历，晚年居住杭州，与贯云石等交往密切。今存小令八百五十五首，套曲九篇，是元代存世散曲最多的作家。大约是他仕途不顺并好游历，作品内容多表现闲适淡泊的情怀。　　②孔林：指孔子的墓地。

人生可怜，流光一瞬，华表千年。江山好处追游遍，古意翛然①。琵琶恨、青衫乐天，洞箫寒、赤壁坡仙。村酒好、溪鱼贱，芙蓉岸边。醉上钓鱼船。

---

①翛（xiāo）然：自由自在的样子。

文史知识

散　曲

　　"散曲是产生于宋、金而勃兴于元、明时代的一种合乐歌唱的新兴诗体。"[①]我们在"词的婉约派与豪放派"中就已经指出，宋词事实上是歌—诗合一体制的恢复。散曲同样如此，它在元代并没有现在的称呼，而多将其叫作"乐府"或"词"。这些名字反映它的本质，即散曲也是一种与音乐、演唱密切相关的文学体裁。而"散曲"这一术语要到明代初期才由明太祖之孙朱有燉在《诚斋乐府》中提出，但这里的散曲只包括小令，套数是独立的种类。新文化运动之后，随着白话文学思想的提出与传播，多用当时白话与民间俗语的元曲成为文学史家研究的新热点，此时方明确散曲的概念，即凡用于清唱的小令与套数都隶属散曲，而在大类上与杂剧的戏曲并称为"曲"。元曲的曲调主要渊源于原北宋曲调与北方民族音乐系统的结合，称为"北曲"；其时以南宋曲调为基础发展起来的后来被称为"南曲"的曲调还没有勃兴。因此元散曲主要是北曲，南曲要到元末才崭露头角，而到明代后期正式取代北曲的地位。二者相较，南曲多了一个宫调；北曲音韵没有入声字，而南曲使用；伴奏乐器北曲多弦乐器，而南曲多用箫笛。

　　小令又叫"叶儿"，外观上与词很像，有曲牌限制句式、字数、平仄和韵脚等规则，有人统计散曲曲牌在一百七十个左右，而常用的仅在四十个左右。曲牌又隶属于一定的宫调。有时，将不超过三个音律恰能衔接的宫调联起来，被称为"带过曲"，这其实是一种小令组合，但限于音乐风格，其组合是有限的，据称元人使用过三十四

新编中华文化基础教材·第十七册

[①]宋浩庆：《元明散曲》，上海古籍出版社，1987年，第1页。

种。尽管这与小令有区别，但一般将其归入小令。

套数又叫"套曲""散套"，在同一宫调中采用多种曲调连缀而成，首尾是一个整体。如本单元选取的《高祖还乡》(【般涉调·哨遍】)就是如此。我们在之前介绍元杂剧时就已经谈到，套数是戏曲的基础，将数个有情节关联的套数与科白等组合，事实上就构成了杂剧的剧本。因此，套数本身较之小令内容也更丰满。

散曲与之前流行的词相比，有这样一些特征：

第一，在用韵上有较大差异。元代周德清编辑的《中原音韵》大大缩减了韵部，从之前《平水韵》的一百零六韵变为十九韵；其次，入声字派入平、上、去三声，平声又区分阴平和阳平，与今天通行的普通话已经较为接近；散曲必须一韵到底，不能换韵，但是韵字可以重复使用，并且押韵没有平仄的区分；但是，在具体音律方面更为严格，有时要进一步区分平声中的阴、阳与仄声中的上、去。

第二，可以使用衬字。这是散曲的一大显著特征。所谓衬字，就是在曲牌规定字数之外为了表达需要额外添加的内容。这部分内容多少不限，且不受平仄限制，一般来说，套数中使用衬字的数量较多。比如本单元选取的关汉卿《不伏老》(【南吕·一枝花】)中："我是个蒸不烂、煮不熟、搥不匾、炒不爆、响珰珰一粒铜豌豆，恁子弟每谁教你钻入他锄不断、斫不下、解不开、顿不脱、慢腾腾千层锦套头"这一经典段落，其中加点字都属于衬字。从这一点也可以看出，元散曲更强调演唱的效果，也给表演者更多回旋发挥的空间。

第三，元散曲在题材上较为单一，多归隐闲适主题，几乎每一位作家都创作过这样的主题。这与当时对一般士人来说严酷的时代环境密切相关，从中也为我们呈现了当时文人的精神世界之一隅。同时，散曲尽管有典雅化的趋势，但总体上用语通俗浅近，甚至有当时口语，长期并未被视为正统文学体裁，直到近代强调白话文学、口语文学的背景下，才重新发现了散曲在这一方面的价值。

思考与练习

⬤ 在下列横线上填上适当的句子

1. 我是个普天下郎君领袖，_____。(《【南吕·一枝花】不伏老》)

2. 我是个_____一粒铜豌豆。(《【南吕·一枝花】不伏老》)

3. 孤村落日残霞，_____，一点飞鸿影下。青山绿水，_____。

⬤ 根据要求完成下列习题

1. 元曲盛行于元代，包括_____和_____两种。

2. 下列关于元曲不正确的一项是（　　　）

A. 每一个曲牌都有一定的曲调、唱法、字数、句法、平仄等。

B. 宫调指的是中国古代音乐的调式，每一个宫调都自有风格。

C. 杂剧，是在元代以滑稽搞笑为特点的一种表演形式。

D. 元曲中有专供演奏的曲牌，但大多只有曲调而无曲词。

⬤ 白朴的《天净沙·秋》和马致远《天净沙·秋思》，你更喜欢哪一首？请查找资料，写一段500字左右的议论。

第五单元

唯美的传奇戏曲世界
——汤显祖与《牡丹亭》

单元导读

一代有一代之文学，一代文学有一代文学之代表。明代的汤显祖是一位诗人，他的诗作单《玉茗堂全集》就煌煌四卷。但是很显然，诗并不算汤显祖最主要的成就。汤显祖和明朝的文学不在诗，在于传奇戏剧。

这与明朝的前身有关。元朝的时候，蒙古人占领中原大地，把中原的读书人贬到社会的底层，又一连八十年停止科举，读书人当下的尊严和未来的幻想被一并勾销。还有什么是他们能做的呢？只有自己鉴赏自己，然后在红尘中开出文字的花朵。他们混迹于杂剧之中，在俗世的七情六欲中炫耀自己的文采。

明王朝建立之后，宫廷贵族写过一阵子华美有余、筋骨不足的东西，虽然在社会上层掀起过几波阵风，但是改变不了全社会的文学生态。明朝前期的李梦阳和后期的李贽、袁宏道等，都为俗文学大声疾呼，称《西厢》《水浒》等为"古今之至文"（李贽《童心说》）；称《水浒》《金瓶梅》是"逸典"（袁宏道《觞政》）。更有甚者，直接评价小说的感染力在《论语》《孝经》之上（冯梦龙）。随着集市之类的娱乐环境的形成、追求享受的娱乐精神茁壮成长。加上元朝杂剧留下的创作功底和文学基因，明朝长长短短的小说如雨后春笋般提供剧情和灵感，戏剧自然而然地异军突起了。

汤显祖成为这支部队的领军人物。他的戏剧作品《还魂记》（一名《牡丹亭》）、《紫钗记》《南柯记》和《邯郸记》合称"临川四梦"，其中《牡丹亭》作为昆曲的巅峰之作，至今还在大都市的舞台上上演，并流传到英、日、德、俄等很多国家，成为一部世界名著。

汤显祖的代表意义还在于他的个性气质。他五岁进家塾读书，十二岁就能写诗，十三岁学古文辞，二十一岁中了举人。年纪轻轻，就被当时一人之下、万人之上的首辅张居正青眼相看。

可是他不想进入张居正的圈子，不惜让自己的仕途两受波折。在仕途上不积极上进倒也罢了，他在文坛上也放纵恣肆——时常约几个"臭味相投"的朋友，把当时文坛老大、刑部尚书王世贞等人的大作拿来恣意贬斥调笑，那可是当时文名卓著的大人物啊。

而在历史上以离经叛道著称的李贽，还有那帮老是想跟朝廷作对的东林党人，还有跟"主流思想"——程朱理学较劲的心学人物，在汤显祖的眼里倒是勇者与智者的化身，交往颇密，多有唱和。所以临到老了，汤显祖走上关汉卿年轻就走的路：干自己喜欢并擅长的事，做自己适应并本色的人。

汤显祖因之成为明朝俗文学领域独领风骚的人。明朝的俗文学，特别是戏剧，在汤显祖等人的驱动下，成为明朝"一代之文学"。

英国诗人和评论家柯勒律治曾经讽刺某两个剧作家说：他们应该去写诗，而不是写剧本。而对于汤显祖来说，恐怕应该澄清一下：他写的是俗文学中的剧本，但是本质上，他写的是诗。

本单元着重选取《牡丹亭》中的精彩片段，原因有二：首先因为历来有"一生四梦，得意处惟在《牡丹》"的说法，《牡丹亭》作为汤显祖传奇创作的代表作当之无愧；其次，则是限于篇幅，我们对于明代其他传奇戏剧不能再作过多的介绍，而希望以此经典之作激发读者对戏曲的兴趣。

选文部分

《牡丹亭》选文

　　《牡丹亭》，全名《牡丹亭还魂记》，与《紫钗记》《邯郸记》和《南柯记》合称"玉茗堂四梦"，也叫"临川四梦"。它是明代大曲家汤显祖的代表作。明朝文学家沈德符《顾曲杂言》说："《牡丹亭梦》一出，家传户诵，几令《西厢》减价。"

　　贫寒书生柳梦梅梦见在一座花园的梅树下立着一位佳人，说同他有姻缘之分，从此经常思念她。南安太守杜宝之女名丽娘，才貌端妍，从师陈最良读书。她由《诗经·关雎》而伤春寻春，从花园回来后在昏昏睡梦中见一书生持半枝垂柳前来求爱，两人在牡丹亭畔幽会。杜丽娘从此愁闷消瘦，一病不起。她在弥留之际要求母亲把她葬在花园的梅树下，嘱咐丫环春香将其自画像藏在太湖石底。其父升任淮阳安抚使，委托陈最良葬女并修建"梅花庵观"。三年后，柳梦梅赴京应试，借宿梅花庵观中，在太湖石下拾得杜丽娘画像，发现杜丽娘就是他梦中见到的佳人。杜丽娘魂游后园，和柳梦梅再度幽会。柳梦梅掘墓开棺，杜丽娘起死回生，两人结为夫妻，前往临安。杜丽娘的老师陈最良看到杜丽娘的坟墓被发掘，就告发柳梦梅盗墓之罪。柳梦梅在临安应试后，受杜丽娘之托，送家信传报还魂喜讯，结果被杜宝囚禁。发榜后，柳梦梅由阶下囚一变而为状元，但杜宝拒不承认女儿的婚事，强迫她离异，纠纷闹到皇帝面前。皇帝感慨二人的旷世奇缘，于是杜丽娘和柳梦梅终成眷属。

第一出　标目①

【蝶恋花】〔末②上〕忙处抛人闲处住，百计思量，没个为欢处。白日消磨肠断句，世间只有情难诉。玉茗堂前朝复暮，红烛迎人，俊得江山助。但是相思莫相负，牡丹亭上三生路③。

【汉宫春】杜宝黄堂④，生丽娘小姐，爱踏春阳。感梦书生折柳，竟为情伤。写真⑤留记，葬梅花道院凄凉。三年上，有梦梅柳子，于此赴高唐⑥。果尔回生定配。赴临安取试，寇起淮扬。正把杜公围困，小姐惊惶。教柳郎行探，反遭疑激恼平章⑦。风流况⑧，施行正苦，报中状元郎。

　　杜丽娘梦写丹青记，陈教授说下梨花枪。

　　柳秀才偷载回生女，杜平章刁打状元郎。

第十出　惊梦

【绕池游】〔旦上〕梦回莺啭，乱煞年光遍⑨。人立小庭深院。〔贴〕炷尽沉烟，抛残绣线，恁今春关情似去年？

【乌夜啼】〔旦〕晓来望断梅关，宿妆⑩残。〔贴〕你侧着宜春髻子⑪恰凭阑。〔旦〕翦不断，理还乱，闷无端。〔贴〕已分付催花莺燕借春看。〔旦〕春香，可曾叫人扫除花径？〔贴〕分付了。〔旦〕取镜台衣服来。〔贴取镜台衣服上〕云髻罢梳还对镜，罗衣欲换更添香。镜台衣服在此。

【步步娇】〔旦〕袅晴丝⑫吹来闲庭院，摇漾春如线。停半晌、

①标目：传奇的第一回，又叫"家门引子"，意思是仿佛自报家门一样地将该本传奇戏的创作原因和故事梗概简略介绍一下。一般会说明戏曲的创作缘起和剧情梗概。　　②末：扮演年纪较大的男角色。　③牡丹亭上三生路：牡丹亭是本传奇中主人公约定再次相见、再续姻缘的地方。　④黄堂：原意是太守的厅堂，这里用以代指太守。　⑤写真：即肖像画。　⑥赴高唐：宋玉《高唐赋》描述楚怀王游高唐，梦见和美女欢会。后以此代指男女欢爱。　⑦平章：官名，原为平章军国重事或同平章军国事的省略，宋制，相当于丞相。这里指杜宝。　⑧风流况：即风流事。　⑨乱煞年光遍：春光美好，眼花缭乱，到处都是。　⑩宿妆：隔夜的残妆。　⑪宜春髻子：相传立春时候女性所带的一种发髻的装饰物。　⑫晴丝：指春天虫类所吐的游丝。

整花钿，没揣菱花，偷人半面，迤逗的彩云偏①。〔行介〕步香闺怎便把全身现？

〔贴〕今日穿插的好。

【醉扶归】〔旦〕你道翠生生出落的裙衫儿茜，艳晶晶花簪八宝填，可知我常一生儿爱好是天然？恰三春好处无人见，不提防沉鱼落雁鸟惊喧，则怕的羞花闭月花愁颤。

〔贴〕早茶时了，请行。〔行介〕你看：画廊金粉半零星，池馆苍苔一片青。踏草怕泥新绣袜，惜花疼煞小金铃。〔旦〕不到园林，怎知春色如许！

【皂罗袍】原来姹紫嫣红开遍，似这般都付与断井颓垣。良辰美景奈何天，赏心乐事谁家院！恁般景致，我老爷和奶奶再不提起。〔合〕朝飞暮卷，云霞翠轩；雨丝风片，烟波画船——锦屏人忒看的这韶光贱！

〔贴〕是花都放了，那牡丹还早。

【好姐姐】〔旦〕遍青山啼红了杜鹃，荼蘼②外烟丝醉软。春香呵，牡丹虽好，他春归怎占的先？〔贴〕成对儿莺燕呵。〔合〕闲凝眄③，生生燕语明如剪，呖呖莺歌溜的圆。

〔旦〕去罢。〔贴〕这园子委是观之不足也。〔旦〕提他怎的？〔行介〕

【隔尾】观之不足由他缱，便赏遍了十二亭台是枉然。到不如兴尽回家闲过遣。

〔作到介〕〔贴〕开我西阁门，展我东阁床。瓶插映山紫，炉添沉水香。小姐，你歇息片时，俺瞧老夫人去也。〔下〕〔旦叹介〕默地游春转，小试宜春面。春呵，得和你两留连，春去如何遣？咳，恁般天气，好困人也。春

_____

①迤逗：引惹，挑逗。彩云：美丽的发卷的代称。　②荼蘼（tú mí）：一种晚春开放的花。
③眄（miǎn）：斜着眼看，这里是"看"的意思。

新编中华文化基础教材·第十七册

香那里?〔作左右瞧介〕〔又低首沉吟介〕天呵,春色恼人,信有之乎?常观诗词乐府,古之女子,因春感情,遇秋成恨,诚不谬矣。吾今年已二八,未逢折桂之夫;忽慕春情,怎得蟾宫之客?昔日韩夫人得遇于郎①,张生偶逢崔氏②,曾有《题红记》《崔徽传》二书。此佳人才子,前以密约偷期,后皆得成秦晋③。〔长叹介〕吾生于宦族,长在名门。年已及笄,不得早成佳配,诚为虚度青春。光阴如过隙耳。〔泪介〕可惜妾身颜色如花,岂料命如一叶乎!

【山坡羊】没乱里春情难遣,蓦地里怀人幽怨。则为俺生小婵娟,拣名门一例一例里神仙眷。甚良缘,把青春抛的远!俺的睡情谁见?则索因循腼腆。想幽梦谁边,和春光暗流传?迁延,这衷怀那处言?淹煎,泼残生除问天。

身子困乏了,且自隐几而眠。〔睡介〕〔梦生介〕〔生持柳枝上〕莺逢日暖歌声滑,人遇风情笑口开。一径落花随水入,今朝阮肇到天台。小生顺路儿跟着杜小姐回来,怎生不见?〔回看介〕呀!小姐,小姐!〔旦作惊起介〕〔相见介〕〔生〕小生那一处不寻访小姐来,却在这里!〔旦作斜视不语介〕〔生〕恰好花园内,折取垂柳半枝。姐姐,你既淹通书史,可作诗以赏此柳枝乎?〔旦作惊喜,欲言又止介〕〔背云〕这生素昧平生,何因到此?〔生笑介〕小姐,咱爱杀你哩!

【山桃红】则为你如花美眷,似水流年,是答儿闲寻遍。在幽闺自怜。小姐,和你那答儿讲话去。〔旦作含笑不行〕〔生作牵衣介〕〔旦低问〕那边去?〔生〕转过这芍药栏前,紧靠着湖山石边。〔旦低问〕秀才,去怎的?〔生低答〕和你把领扣松,衣带宽,袖梢儿揾着牙儿苫也,

---

①韩夫人得遇于郎:指唐代宫女韩氏与于祐以红叶题诗得以成眷属的故事。　②张生偶逢崔氏:即元稹《莺莺传》及后来的《西厢记》故事,下文《崔徽传》当作《莺莺传》或《西厢记》。　③秦晋:春秋因秦、晋两国长期通婚,后代指夫妻。

则待你忍耐温存一晌眠。〔旦作羞〕〔生前抱〕〔旦推介〕〔合〕是那处曾相见，相看俨然，早难道这好处相逢无一言？〔生强抱旦下〕

〔末扮花神束发冠，红衣插花上〕催花御史惜花天，检点春工又一年。蘸客伤心红雨下，勾人悬梦彩云边。吾乃掌管南安府后花园花神是也。因杜知府小姐丽娘，与柳梦梅秀才，后日有姻缘之分。杜小姐游春感伤，致使柳秀才入梦。咱花神专掌惜玉怜香，竟来保护他，要他云雨十分欢幸也。

……

【山桃红】〔生旦携手上〕〔生〕这一霎天留人便，草藉花眠。小姐可好？……〔旦〕秀才，你可去呵？〔合〕是那处曾相见，相看俨然，早难道这好处相逢无一言？

〔生〕姐姐，你身子乏了，将息，将息。〔送旦依前作睡介〕〔轻拍旦介〕姐姐，俺去了。〔作回顾介〕姐姐，你可十分将息，我再来瞧你那。行来春色三分雨，睡去巫山一片云。〔下〕〔旦作惊醒低叫介〕秀才，秀才，你去了也？〔又作痴睡介〕〔老旦上〕夫婿坐黄堂，娇娃立绣窗。怪他裙衩上，花鸟绣双双。孩儿，孩儿，你为甚瞌睡在此？〔旦作醒，叫秀才介〕咳也！〔老旦〕孩儿怎的来？〔旦作惊起介〕奶奶到此！〔老旦〕我儿，何不做些针指，或观玩书史，舒展情怀？因何昼寝于此？〔旦〕孩儿适花园中闲玩，忽值春暄恼人，故此回房，无可消遣，不觉困倦少息。有失迎接，望母亲恕儿之罪。〔老旦〕孩儿，这后花园中冷静，少去闲行。〔旦〕领母亲严命。〔老旦〕孩儿，学堂看书去。〔旦〕先生不在，且自消停。〔老旦叹介〕女孩儿长成，自有许多情态，且自由他。正是：宛转随儿女，辛勤做老娘。〔下〕〔旦长叹介〕〔看老旦下介〕哎也天那！今日杜丽娘有些侥幸也。偶到后花园中，百花开遍，睹景伤情。没兴而回，昼眠香阁。忽见一生，年可弱冠，丰姿俊妍。于园中折得柳丝一枝，笑对奴家说：姐姐既淹通书史，何不将柳枝题赏一篇？那时待要应他一声，心中自忖，素昧平生，不知名姓，何得轻与交言？正如此想间，只见那生向前，说了几句伤心话儿，将奴搂抱去牡丹亭畔，芍药阑边，共成云雨之欢。两情和合，真个是千般爱惜，万种温存。欢毕之时，又送我睡眠，几声"将息"。正待自送那生出门，忽值母亲来到，唤醒将来。我一身冷汗，乃是南柯一梦。忙身参礼母亲，又被母亲絮了许多闲话。奴家口虽无言答应，心内思想梦中之事，何曾放怀？行坐不宁，自觉如有所失。娘呵，你教我学堂看书去，知他看那一种书消闷也？〔作掩泪介〕

【绵搭絮】雨香云片，才到梦儿边。无奈高堂，唤醒纱窗睡不便。泼新鲜冷汗粘煎，闪的俺心悠步嚲①，意软鬟偏。不争多费尽神情，坐起谁忺②？则待去眠。

〔贴上〕晚妆销粉印，春润费香篝。小姐，薰了被窝睡罢。

【尾声】〔旦〕困春心游赏倦，也不索香薰绣被眠。天呵，有心情那梦儿还去不远。

春望逍遥出画堂，张说　　间梅遮柳不胜芳。罗隐

可知刘阮逢人处？许浑　　回首东风一断肠。韦庄

第十二出　寻梦

【夜游宫】〔贴上〕腻脸朝云罢盥，倒犀簪斜插双鬟。侍香闺起早，睡意阑珊：衣桁③前，妆阁畔，画屏间。

伏侍千金小姐，丫鬟一位春香。请过猫儿师父，不许老鼠放光。偌幸《毛诗》感动，小姐吉日时良。拖带春香遣闷，后花园里游芳。谁知小姐瞌睡，恰遇着夫人问当④。絮了小姐一会，要与春香一场。春香无言知罪，以

---

①嚲（duǒ）：垂下。　②忺（xiān）：高兴；适意。　③衣桁（háng）：衣架。　④当：语助词，无义。

后劝止娘行。夫人还是不放，少不得发咒禁当①。〔内介〕春香姐，发个甚咒来？〔贴〕敢再跟娘胡撞，教春香即世里不见儿郎。虽然一时抵对，乌鸦管的凤凰？一夜小姐焦躁，起来促水朝妆。由他自言自语，日高花影纱窗。

〔内介〕快请小姐早膳。〔贴〕报道官厨饭熟，且去传递茶汤。〔下〕

【月儿高】〔旦上〕几曲屏山展，残眉黛深浅。为甚衾儿里不住的柔肠转？这憔悴非关爱月眠迟倦，可为惜花，朝起庭院？

忽忽花间起梦情，女儿心性未分明。无眠一夜灯明灭，分②煞梅香唤不醒。昨日偶尔春游，何人见梦？绸缪顾盼，如遇平生。独坐思量，情殊怅怳③。真个可怜人也！〔闷介〕〔贴捧茶食上〕香饭盛来鹦鹉粒，清茶擎出鹧鸪斑。小姐早膳哩。〔旦〕咱有甚心情也？

【前腔】梳洗了才匀面，照台儿④未收展。睡起无滋味，茶饭怎生咽？〔贴〕夫人分付，早饭要早。〔旦〕你猛说夫人，则待把饥人劝。你说为人在世，怎生叫做吃饭？〔贴〕一日三餐。〔旦〕咳！甚瓯儿气力与擎拳！生生的了前件。

你自拿去吃便了。〔贴〕受用余杯冷炙，胜如剩粉残膏。〔下〕〔旦〕春香已去。天呵，昨日所梦，池亭俨然。只图旧梦重来，其奈新愁一段！寻思展转，竟夜无眠。咱待乘此空闲，背却春香，悄向花园寻看。〔悲介〕哎也！似咱这般，正是：梦无彩凤双飞翼，心有灵犀一点通。〔行介〕一迳行来，喜的园门洞开，守花的都不在，则这残红满地呵！

【懒画眉】最撩人春色是今年。少甚么⑤低就高来粉画垣，原来春心无处不飞悬。〔绊介〕哎，睡荼蘼抓住裙衩线，恰便是花似人

---

①禁当：这里是抵对、对付的意思。　②分：即"忿"。　③怅怳：恍惚。怳，古同"恍"。　④照台儿：镜台。　⑤少甚么：多的是。

心好处牵。

　　这一湾流水呵！

【前腔】为甚呵玉真重溯武陵源？也则为水点花飞在眼前。是天公不费买花钱，则咱人心上有啼红怨。咳，辜负了春三二月天。

　　〔贴上〕吃饭去，不见了小姐，则得一迳寻来。呀！小姐，你在这里。

【不是路】何意婵娟，小立在垂垂花树①边？才朝膳，个人无伴怎游园？〔旦〕画廊前，深深蓦见衔泥燕，随步名园是偶然。〔贴〕娘回转，幽闺窄②地教人见，那些儿闲串？那些儿闲串？

【前腔】〔旦作恼介〕咦！偶尔来前，道的咱偷闲学少年。〔贴〕咳，不偷闲，偷淡。〔旦〕欺奴善，把护春台都猜做谎桃源。〔贴〕敢胡言！这是夫人命，道春多刺绣宜添线，润逼炉香好腻笺。〔旦〕还说甚来？〔贴〕这荒园堑，怕花妖木客寻常见。去小庭深院，去小庭深院！

　　〔旦〕知道了。你好生答应夫人去，俺随后便来。〔贴〕闲花傍砌如依主，娇鸟嫌笼会骂人。〔下〕〔旦〕丫头去了，正好寻梦。

【忒忒令】那一答可是湖山石边，这一答似牡丹亭畔。嵌雕阑芍药芽儿浅，一丝丝垂杨线，一丢丢③榆荚钱。线儿春甚金钱吊转！

　　呀！昨日那书生将柳枝要我题咏，强我欢会之时，好不话长！

【嘉庆子】是谁家少俊来近远，敢迤逗这香闺去沁园？话到其间腼腆。他捏这眼，奈烦也天，咱嗽这口，待酬言。

【尹令】那书生可意呵，咱不是前生爱眷，又素乏平生半面。则道来生出现，乍便今生梦见。生就个书生，恰恰生生抱咱去眠。

---

①垂垂花树：指梅花。垂垂，形容花朵下垂的样子。　　②窄：同"猝"。　　③一丢丢：一串串。

那些好不动人春意也。

【品令】他倚太湖石，立着咱玉婵娟。待把俺玉山推倒，便日暖玉生烟。捱过雕阑，转过秋千，揝^①着裙花展。敢席着地，怕天瞧见。好一会分明，美满幽香不可言。

梦到正好时节，甚花片儿吊下来也！

【豆叶黄】他兴心儿^②紧咽咽，鸣着咱香肩。俺可也慢揸揸做意儿周旋。等闲间把一个照人儿昏善，那般形现，那般软绵。忑^③一片撒花心的红影儿，吊将来半天。敢是咱梦魂儿厮缠？

咳！寻来寻去，都不见了。牡丹亭，芍药阑，怎生这般凄凉冷落，杳无人迹？好不伤心也！

【玉交枝】〔泪介〕是这等荒凉地面，没多半亭台靠边，好是咱眯瞙色眼寻难见。明放着白日青天，猛教人抓不到魂梦前。霎时间有如活现，打方旋^④再得俄延，呀，是这答儿压黄金钏匾。

要再见那书生呵，

【月上海棠】怎赚骗？依稀想像人儿见。那来时荏苒，去也迁延。非远，那雨迹云踪才一转，敢依花傍柳还重现。昨日今朝，眼下心前，阳台一座登时变。

再消停一番。〔望介〕呀，无人之处，忽然大梅树一株，梅子磊磊可爱。

【二犯幺令】偏则他暗香清远，伞儿般盖的周全。他趁这，他趁这春三月红绽雨肥天，叶儿青，偏迸着苦仁儿里撒圆。爱杀这昼阴便，再得到罗浮梦边。

罢了，这梅树依依可人，我杜丽娘若死后，得葬于此，幸矣。

---

①揝：把持、勒住。　②兴心儿：故意、刻意。　③忑：受惊。　④打方旋：徘徊、盘旋。

新编中华文化基础教材·第十七册

【江儿水】偶然间心似缱，梅树边。这般花花草草由人恋，生生死死随人愿，便酸酸楚楚无人怨。待打并^①香魂一片，阴雨梅天，守的个梅根相见。

〔倦坐介〕〔贴上〕佳人拾翠春亭远，侍女添香午院清。咳，小姐走乏了，梅树下眈。

【川拨棹】你游花院，怎靠著梅树偃？〔旦〕一时间望，一时间望眼连天，忽忽地伤心自怜。〔泣介〕〔合〕知怎生情怅然？知怎生泪暗悬？

〔贴〕小姐甚意儿？

【前腔】〔旦〕春归人面，整相看无一言。我待要折，我待要折的那柳枝儿问天，我如今悔，我如今悔不与题笺。〔贴〕这一句猜头儿^②是怎言？〔合前〕

〔贴〕去罢。〔旦作行又住介〕

【前腔】为我慢归休，缓留连。〔内鸟啼介〕听，听这不如归春暮天，难道我再，难道我再到这亭园，则挣的个长眠和短眠！〔合前〕

〔贴〕到了，和小姐瞧奶奶去。〔旦〕罢了。

【意不尽】软咍咍^③刚扶到画阑偏，报堂上夫人稳便。咱杜丽娘呵，少不得楼上花枝也则是照独眠。

〔旦〕武陵何处访仙郎？释皎然〔贴〕只怪游人思易忘。韦庄
〔旦〕从此时时春梦里，白居易〔贴〕一生遗恨系心肠。张祜

第二十六出 玩真

〔生上〕芭蕉叶上雨难留，芍药梢头风欲收。画意无明偏着眼，春光有

---

①打并：拚着。　②猜头儿：谜。　③软咍咍（hāi）：软绵绵。

路暗抬头。小生客中孤闷，闲游后园。湖山之下，拾得一轴小画，似是观音大士，宝匣庄严。风雨淹旬，未能展视。且喜今日晴和，瞻礼一会。〔开匣，展画介〕

【黄莺儿】秋影挂银河，展天身，自在波①。诸般好相能停妥。他真身在补陀②，咱海南人遇他。〔想介〕甚威光不上莲花座？再延俄，怎湘裙直下一对小凌波？

是观音，怎一对小脚儿？待俺端详一会。

【二郎神慢】些儿个，画图中影儿则度。着了，敢谁书馆中吊下幅小嫦娥，画的这偋停倭妥③。是嫦娥，一发该顶戴了。问嫦娥折桂人有我？可是嫦娥，怎影儿外没半朵祥云托？树皴儿又不似桂丛花琐？不是观音，又不是嫦娥，人间那得有此？成惊愕，似曾相识，向俺心头摸。

待俺瞧，是画工临的，还是美人自手描的？

【莺啼序】问丹青何处娇娥，片月影光生豪末④？似恁般一个人儿，早见了百花低躲。总天然意态难模，谁近得把春云淡破？想来画工怎能到此？多敢他，自己能描会脱⑤。

且住，细观他帧首之上，小字数行。〔看介〕呀，原来绝句一首。〔念介〕近睹分明似俨然，远观自在若飞仙。他年得傍蟾宫客，不在梅边在柳边。

呀，此乃人间女子行乐图也。何言"不在梅边在柳边"？奇哉怪事哩！

【集贤宾】望关山梅岭天一抹，怎知俺柳梦梅过？得傍蟾宫知怎么？待喜呵，端详停和，俺姓名儿直么费嫦娥定夺？打磨诃⑥，

---

①自在波：自在，观自在菩萨。波，同呵、啊。 ②补陀：即普陀山。 ③倭妥：即"委佗"，美好。 ④豪末：即"毫末"，这里指笔端。 ⑤脱：脱稿，描画。 ⑥打磨诃：这里是徘徊、思量的意思。

新编中华文化基础教材·第十七册

敢则是梦魂中真个。

好不回盼小生！

【黄莺儿】空影落纤娥，动春蕉，散绮罗。春心只在眉间锁，春山①翠拖，春烟淡和。相看四目谁轻可？恁横波，来回顾影，不住的眼儿睃。

却怎半枝青梅在手，活似提掇小生一般？

【啼莺序】他青梅在手诗细哦，逗春心一点蹉跎。小生待画饼充饥，小姐似望梅止渴。小姐，小姐，未曾开半点幺荷，含笑处朱唇淡抹，韵情多。如愁欲语，只少口气儿呵。

小娘子画似崔徽，诗如苏蕙，行书逼真卫夫人。小子虽则典雅，怎到得这小娘子？蓦地相逢，不免步韵一首。〔题介〕丹青妙处却天然，不是天仙即地仙。欲傍蟾宫人近远，恰些春在柳梅边。

【簇御林】他能绰斡②，会写作。秀入江山人唱和。待小生狠狠叫他几声："美人！美人！姐姐！姐姐！"向真真啼血你知么？叫的你喷嚏似天花唾。动凌波，盈盈欲下——不见影儿那。

咳，俺孤单在此，少不得将小娘子画像，早晚玩之、拜之，叫之、赞之。

【尾声】拾的个人儿先庆贺，敢柳和梅有些瓜葛？小姐小姐，则被你有影无形看杀我。

不须一向恨丹青，白居易　　堪把长悬在户庭。伍乔

惆怅题诗柳中隐，司空图　　添成春醉转难醒。章碣

---

①春山：此指女子的眉毛。　　②绰斡：此指作画。

文史知识

汤显祖与"临川四梦"

汤显祖（1550—1616），字义仍，号若士，又号海若、清远道人，晚年时自号茧翁。江西临川人，因此之后与汤显祖戏曲理论及实践较为接近的群体就被称为"临川派"。汤显祖出生于一个藏书丰富的读书世家，他的祖父汤懋昭中年以后笃信道教，这可能与汤显祖后来戏曲创作尤其是后期作品中的某些思想有一定关联。他的父亲汤尚贤是位注重人格修养的儒家。因此，从某种程度上说，汤显祖的家庭背景就蕴育了他身上那种纠缠了中国士大夫千年的儒道进退的矛盾。

汤显祖的履历与明代一般的读书人没有什么区别，他十四岁进学，二十一岁就中举，应该说是少年得志。他曾经师从泰州学派王艮三传弟子罗汝芳，说明他的思想基础受到具有启蒙色彩的心学之影响。据说当时他的文章名声很大，连权倾一时的张居正都对他很感兴趣，要求汤显祖与自己的两个儿子交游，名义上是与之切磋文章技艺，事实上是想延揽他入自己的门下。但这种非正常的进途引起了汤显祖的反感，他断然拒绝。于是万历五年和八年连续两次会试，他都没有考中，而张的两个儿子居然先后取得了探花与状元的卓异成绩。也许因为年轻，汤显祖此时并没有放弃仕途。三年之后的会试，他如愿中进士，原因是张居正已经去世了。之后他担任了南京太常寺博士、南京礼部主事等官，这些都是相对较为清闲的官职。大约此时汤显祖与明朝著名的异端思想家李贽相遇，对他非常崇敬。

汤显祖政治生涯的一个转折点在万历十九年（1591），这一年朝廷征求百官进言，对朝政不满已久的汤显祖借此机会递交了《论辅臣科臣疏》，将批评的矛头直指内阁要员。这一行为触怒了这些人，汤显祖受到了贬官广东徐闻县的处罚。据说在此期间他与入华传教的利玛窦有过会面。两年后改任浙江遂昌县知县，他在这个并不富裕的地方为官五年，颇受百姓爱戴。但他对朝政凌厉的批判态度，使他难以得到进一步发展，终于在万历二十六年（1598）辞官回乡，归隐于玉茗堂。三年后，朝廷主动将其革职，表明汤显祖仕途的彻底终结。

我们可以想见这位以儒家思想为底色的士大夫当时的失望、郁闷乃至绝望，不过好在明代后期的士大夫拥有比前辈更多的生存空间，对汤显祖来说这一方天地就是传奇戏曲。他的代表作《牡丹亭》应该在其归隐前就开始创作，在他回乡的这一年完成。即使在作品中，他也不忘时事，加入了暗示明王朝对朝鲜壬辰之役处置不当的内容①。之后，随着他对现实的失望与日俱增，他思想基础中消极的一面占据了主导地位，他在万历二十八、二十九年间写作的《南柯记》《邯郸记》，故事主人公的结局不是遁入空门，就是云游四海，都流露出功业终归虚无的悲观情绪。这一方面与他多年宦海浮沉的经历有关，他不是没有努力过，不是没有像儒家所说的那样匡正过失、造福百姓，但最终都被淹没在可怕的官僚体制内；另一方面当局对根本上要求解放人性的思想持敌对态度，就在他创作了《邯郸记》的第二年，李贽被捕自杀，只隔一年，他的好友僧人达观也死于狱中。作为同道中人，汤显祖难免有知音寥落之感；而另一件让他陷入痛苦的事情则是万历二十八年（1600）他的长子死于秋试前夕，他曾经将全部的希望都寄托在儿子身上，这样的打击是可以想象的。

文学史上通常把汤显祖创作的《紫钗记》《牡丹亭》《南柯记》和《邯郸记》合称"临川四梦"，或称"玉茗堂四梦"，因为其中都涉及梦境。

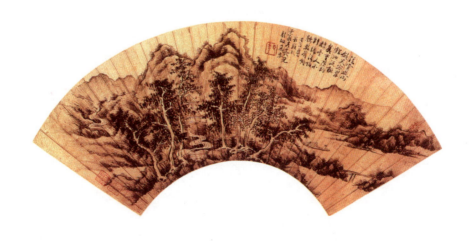

---

① 徐朔方：《汤显祖评传》，南京大学出版社，1993年，第145—146页。

思考与练习

1. 中国古典文学中，梦境作为一种特殊的想象与意象具备了多方面的功能，请从已经学习过的文学作品中举例来谈谈你对梦境的理解和看法。也可以与同学们一同讨论，集思广益。

2. 观看昆曲《牡丹亭》，就男主角或女主角的个性特点写一段300字左右的赏析文字。

3. 任选一部明朝传奇戏剧，节选并改编成课本剧，在班级或年级表演。

4.《邯郸记》的结尾有这样一段："都是妄想游魂，参成世界！人生眷属，亦犹是耳，岂有真实相乎？其间宠辱之数，得丧之理，生死之情，尽知之矣！"暗示着梦醒之后的沉痛感悟，人生的困境不可能在梦境中得以最终解决，尝试从之前学习过的士大夫精神的视角来看待汤显祖这一传奇戏剧结尾的处理，谈谈你对此的看法。最好能以小组的形式查找资料、组织材料并最终呈现你们的结果。